Derik Araújo

Desvendando o ICMS
ICMS
Uma Abordagem Prática e Lógica

1º Edição

ICMS

01 Introdução ao ICMS

02 Princípios Fundamentais do ICMS

03 Estrutura e Funcionamento do ICMS

04 Cálculos Avançados de ICMS

05 Desafios e Estratégias na Aplicação do ICMS

05 Desafios e Estratégias na Aplicação do ICMS

06 Contabilização do ICMS

07 Perspectivas Futuras e Tendências do ICMS

08 Conclusão

Aviso Legal

[Desvendando o ICMS] Copyright © 2024 de Derik Araujo
Todos os direitos reservados. Este trabalho ou qualquer parte dele não pode ser reproduzido ou usado de forma alguma sem autorização expressa, por escrito, do autor ou editor, exceto pelo uso de citações breves em uma resenha do trabalho.
Primeira edição, 2024

INTRODUÇÃO

Bem-vindo ao trabalho "Desvendando o ICMS: Uma Abordagem Prática e Lógica". Este material foi cuidadosamente elaborado com o objetivo de proporcionar a você uma compreensão abrangente sobre o Imposto sobre Circulação de Mercadorias e Serviços (ICMS), um dos tributos mais relevantes e complexos do sistema tributário brasileiro.

Como profissional da área, você está familiarizado com os desafios enfrentados no mundo da tributação, especialmente no que diz respeito ao ICMS. Nossa proposta é oferecer um conteúdo inovador, que vai além da mera reprodução da legislação, apresentando uma abordagem prática e lógica para que você possa compreender não apenas as normas, mas também a lógica por trás delas.

Ao longo deste trabalho, exploraremos desde os princípios fundamentais do ICMS até cálculos mais complexos, estratégias empresariais e perspectivas futuras. Cada capítulo foi cuidadosamente elaborado para proporcionar um aprendizado significativo e aplicável, com exemplos práticos, casos reais e orientações detalhadas.

Nosso objetivo é capacitar você a dominar o ICMS, não apenas para cumprir suas obrigações fiscais, mas também para utilizar esse conhecimento como uma ferramenta estratégica em suas atividades do dia a dia.

Breve Visão Geral do ICMS e Sua Importância para as Empresas

O Imposto sobre Circulação de Mercadorias e Serviços, conhecido pela sigla ICMS, é um dos tributos mais significativos e complexos do sistema tributário brasileiro. Instituído pela Constituição Federal de 1988, o ICMS é de competência dos estados e do Distrito Federal, sendo aplicado sobre a circulação de mercadorias, a prestação de serviços de transporte interestadual e intermunicipal, além de comunicações telefônicas.

Precisamos ter em mente também que o termo "Circulação de Mercadorias" não
significa apenas "**Venda**" de mercadoria, mas também as Doações, as **Bonificações**, as **Transferências** etc.

E para completar a análise do Inciso II do Artigo 155 da Constituição Federal, precisamos entender muito bem o que a parte final do Inciso quer dizer ao afirmar "ainda que as operações e as prestações se iniciem no exterior."

Bom, como já vimos, toda vez que aparecer o termo "operação" devemos pensar
em "Circulação de Mercadoria", e toda vez que aparecer o termo "prestação" devemos pensar em "Serviços", correto?

Então quando o Inciso II afirma "ainda que as operações e as prestações se iniciem no exterior.", ele quer dizer que INCIDE ICMS ainda que a Circulação de Mercadorias se inicie no Exterior, que é o caso de IMPORTAÇÃO de Mercadorias, e ainda que o Serviço se Inicie no Exterior, que no caso só pode ser o Serviço de Comunicação iniciado no exterior, já que o Serviço de Transporte que se inicia no exterior (internacional) está fora do campo de incidência do ICMS.

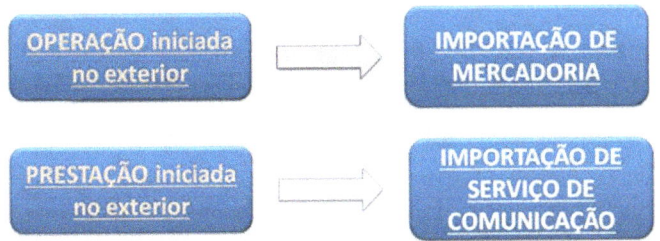

A importância do ICMS para as empresas é incontestável. Este imposto tem um impacto direto sobre os custos operacionais e o planejamento tributário das organizações, influenciando suas estratégias de precificação, logística e expansão de negócios. Devido à sua complexidade e variedade de alíquotas e regimes de tributação, o ICMS demanda conhecimento técnico e habilidades específicas para sua correta apuração e pagamento.

Para as empresas, entender o ICMS não é apenas uma questão de cumprimento legal, mas também uma oportunidade de otimização de recursos e maximização de resultados. Um conhecimento sólido sobre este imposto permite às empresas identificar oportunidades de redução de custos, evitar penalidades fiscais e fortalecer sua posição competitiva no mercado.

Neste e-book, nosso objetivo é fornecer a você, que possui conhecimento básico em contabilidade e direito, as ferramentas necessárias para compreender e dominar o ICMS. Ao longo das próximas páginas, exploraremos os princípios fundamentais do ICMS, sua estrutura e funcionamento, cálculos avançados, desafios enfrentados pelas empresas e perspectivas futuras. Com uma abordagem prática, lógica e abrangente, esperamos capacitar você a se tornar um verdadeiro especialista na apuração e pagamento do ICMS.

Apresentação da Abordagem Prática e Lógica Adotada neste E-book

Neste e-book, adotamos uma abordagem prática e lógica que visa tornar o aprendizado do ICMS acessível e eficaz para os leitores. Reconhecemos a complexidade deste imposto e a necessidade de oferecer uma metodologia de ensino que vá além da simples exposição teórica da legislação.

Acreditamos que a melhor maneira de aprender sobre o ICMS é através da prática orientada e da compreensão da lógica por trás das normas tributárias. Portanto, este e-book apresentará uma série de casos, exercícios práticos e exemplos detalhados, permitindo que você desenvolva suas habilidades de análise e resolução de problemas.

Além disso, adotamos uma linguagem clara e acessível, evitando jargões técnicos desnecessários e priorizando a compreensão do leitor. Nosso objetivo é facilitar o aprendizado do ICMS, mesmo para aqueles que não têm formação específica em contabilidade ou direito tributário.

CAPÍTULO 2: PRINCÍPIOS FUNDAMENTAIS DO ICMS

MAS O QUE É ICMS?

Antes de partirmos para os principais princípios que regem o ICMS, é importante saber que tributos é esse. Considerando a abordagem prática e direta proposta nesse trabalho, ICMS é **É um imposto estadual que incide sobre:**

a) circulação de mercadoria;
b) prestação de serviços de transportes (interestadual e intermunicipal);
c) prestação de serviço de comunicação;
d) Produção, importação, circulação, distribuição e consumo de combustíveis líquidos e gasosos e energia elétrica;
a) importação de bem ou serviço do exterior independente da finalidade (art. 155, § 2º, IX, "a", da CF/ EC 33/01);

COMANDOS CONSTITUCIONAIS

- Competência: Art. 155, II, CF/88
- Normas Gerais: LC 87/96 e Lei 5.172/66
- Instituído: Lei 7799/02 (CTE, Título I, Cap. I)
- Regulamentado: Decreto 19.714/03 RICMS.
- Resoluções
- Convênios CONFAZ.
- Portarias.

ICMS – Incidência – CF de 1988

a) Art. 155, II, da CF/1988:
- circulação de mercadoria;
- prestação de serviços de transportes (interestadual e intermunicipal);
- prestação de serviço de comunicação;

b) Art. 155, IX, da CF/1988:
- sobre a entrada de bem ou mercadoria importados do exterior por pessoa física ou jurídica;
- sobre o valor total da operação, quando mercadorias forem fornecidas com serviços não compreendidos na competência tributária dos Municípios;

C) Art. 155, § 3°, da CF/1988:
- sobre operações relativas a energia elétrica, serviços de telecomunicações, derivados de petróleo, combustíveis e minerais do País.(Incidência exclusiva do ICMS, II, IE)

Não Incidência - CF/1988 – Art. 155, X

a) sobre operações que destinem mercadorias para o exterior, nem sobre serviços prestados a destinatários no exterior, assegurada a manutenção e o aproveitamento do montante do imposto cobrado nas operações e prestações anteriores;

b) sobre operações que destinem a outros Estados petróleo, inclusive lubrificantes, combustíveis líquidos e gasosos dele derivados, e energia elétrica;

c) sobre o ouro, nas hipóteses definidas no art. 153, § 5° (ativo financeiro ou instrumento cambial - IOF);

d) nas prestações de serviço de comunicação nas modalidades de radiodifusão sonora e de sons e imagens de recepção livre e gratuita;

As hipóteses de não incidência do ICMS são fundamentais para o planejamento tributário das empresas, pois indicam situações específicas em que este imposto não se aplica, permitindo uma gestão fiscal mais eficiente e estratégica. Vamos comentar cada uma das hipóteses mencionadas, complementando e inserindo ideias pertinentes ao tema.

a) *Operações que destinem mercadorias para o exterior e serviços prestados a destinatários no exterior*

Esta hipótese de não incidência do ICMS é um mecanismo de fomento às exportações brasileiras, visando tornar os produtos e serviços nacionais mais competitivos no mercado internacional. A não incidência do ICMS sobre essas operações elimina um custo tributário sobre as exportações, incentivando as empresas a expandirem sua atuação para além das fronteiras nacionais.

Importante destacar que a manutenção e o aproveitamento do crédito do ICMS cobrado nas operações anteriores é um aspecto crucial, pois permite às empresas recuperar valores que, de outra forma, representariam um custo adicional, otimizando assim a carga tributária e melhorando a saúde financeira da empresa.

b) Operações que destinem a outros Estados petróleo, inclusive lubrificantes, combustíveis líquidos e gasosos dele derivados, e energia elétrica

A não incidência do ICMS sobre essas operações interestaduais específicas está relacionada à complexidade e à importância estratégica desses produtos para o país. Essa medida visa evitar a cumulatividade e a guerra fiscal entre os Estados, além de contribuir para a uniformização dos preços desses produtos essenciais. Contudo, é importante que as empresas do setor estejam atentas às legislações estaduais e às decisões do CONFAZ (Conselho Nacional de Política Fazendária), que podem estabelecer regras específicas para a tributação desses itens.

c) Sobre o ouro, nas hipóteses definidas no art. 153, § 5º (ativo financeiro ou instrumento cambial - IOF)

O ouro, quando classificado como ativo financeiro ou instrumento cambial, está sujeito à incidência do IOF (Imposto sobre Operações Financeiras) em detrimento do ICMS. Essa distinção é crucial para as operações financeiras envolvendo ouro, pois altera a natureza tributária e o tratamento fiscal aplicável. Para as empresas que operam com ouro nesse contexto, é essencial uma compreensão aprofundada das normas aplicáveis para garantir a correta classificação e tributação das operações, evitando riscos fiscais e aproveitando as oportunidades de planejamento tributário.

d) Nas prestações de serviço de comunicação nas modalidades de radiodifusão sonora e de sons e imagens de recepção livre e gratuita

A não incidência do ICMS sobre essas modalidades de serviço de comunicação reflete a intenção do legislador de promover o acesso à informação e à cultura.

Ao isentar tais serviços da carga tributária do ICMS, busca-se garantir que a população tenha acesso gratuito a esses meios de comunicação, reconhecendo seu papel essencial na sociedade. Para as empresas que operam nesse segmento, essa não incidência representa um aspecto importante na estruturação de seus modelos de negócio e na definição de estratégias de distribuição de conteúdo.

Então:

A compreensão das hipóteses de não incidência do ICMS é vital para as empresas que buscam otimizar sua carga tributária e adequar-se à legislação vigente. Cada uma dessas hipóteses reflete políticas públicas e escolhas legislativas destinadas a promover determinados setores ou práticas econômicas. Assim, além de entender essas regras, é importante que as empresas mantenham-se atualizadas sobre as constantes mudanças na legislação tributária, contando com o suporte de profissionais especializados para navegar com sucesso no complexo sistema tributário brasileiro.

Vamos ao princípios

O ICMS, Imposto sobre Circulação de Mercadorias e Serviços, é regido por princípios fundamentais que são essenciais para compreender sua aplicação e funcionamento. Esses princípios são estabelecidos na Constituição Federal de 1988 (CF/88) e orientam a legislação tributária em todo o país

1. Não Cumulatividade:

O princípio da não cumulatividade, previsto no artigo 155, § 2º, I, da CF/88, estabelece que o ICMS deve incidir apenas sobre o valor adicionado em cada etapa da circulação de mercadorias ou prestação de serviços. Isso significa que o imposto pago nas operações anteriores pode ser compensado com o valor do imposto devido nas operações subsequentes.

A aplicação do princípio da não cumulatividade no ICMS é um mecanismo essencial para assegurar a justiça fiscal e a eficiência econômica, evitando a tributação sobre tributação ao longo da cadeia produtiva e comercial. Na prática, isso permite que as empresas deduzam o valor do ICMS já recolhido nas etapas anteriores da cadeia de produção ou distribuição do montante a ser recolhido nas etapas subsequentes. Tal mecanismo assegura que o imposto incida somente sobre o valor agregado ao produto ou serviço em cada fase, refletindo mais precisamente a capacidade econômica do contribuinte.

Além disso, a não cumulatividade contribui para a neutralidade fiscal nas decisões empresariais, uma vez que minimiza distorções econômicas que poderiam ser causadas pela tributação. Isso incentiva um ambiente de negócios mais equitativo e competitivo, onde as decisões de produção, investimento e precificação podem ser tomadas com base em critérios econômicos, e não tributários

Exemplo Prático:

Imagine uma cadeia de produção de um produto, como um smartphone, que passa por diversas etapas, desde a fabricação das peças até a venda ao consumidor final.

1. A empresa A fabrica a tela do smartphone e vende para a empresa B por R$ 500,00, com uma alíquota de ICMS de 18%.
   • ICMS pago pela empresa A: R$ 90,00 (18% de R$ 500,00).

2. A empresa B utiliza a tela para montar o smartphone e vende para a empresa C por R$ 800,00, com uma alíquota de ICMS de 18%.
• ICMS devido pela empresa B: R$ 144,00 (18% de R$ 800,00).
• ICMS a ser compensado: R$ 90,00 (ICMS pago na etapa anterior).
• **Atenção**: Para chegar no valor que será **desembolsado** pela empresa B, precisa ser feito a seguinte conta: R$ 144,00 – R$ 90,00 = R$ 54,00 (esse será o valor desembolsado pela empresa B. > Esse raciocínio segue para todos os exemplos.

3. A empresa C realiza a venda do smartphone ao consumidor final por R$ 1.200,00, com uma alíquota de ICMS de 18%.
• ICMS devido pela empresa C: R$ 216,00 (18% de R$ 1.200,00).
• ICMS a ser compensado: R$ 144,00 (ICMS pago na etapa anterior).
• Para chegar no valor do desembolso repete a observação do item 2, ou seja, aqui na empresa C desembolsará R$ 72,00 (216-144=72)

No final do processo, o valor total de ICMS recolhido para o governo é de R$ 216,00 (R$ 90,00 + R$ 54,00 + R$ 72,00), evitando a cumulatividade do imposto e garantindo que ele incida apenas sobre o valor adicionado em cada etapa da produção.

Em outras palavras, você percebeu que o ICMS total pago somando toda a cadeia é mesma coisa de pegar o último valor de venda e multiplicar pela alíquota? Qual seja R$ 1.200 x 18% = R$ 216,00. Mas eu quis mostrar como é na realidade em cada empresa quando há várias compras e vendas com valor agregado (adicional/lucro).

Veja como fica de forma esquematizada:

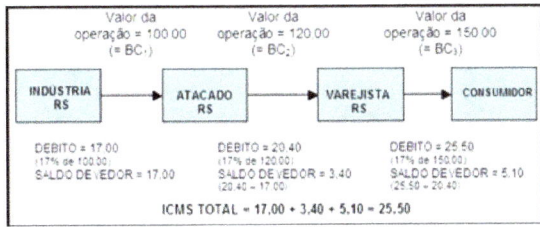

2. Seletividade:

O princípio da seletividade, também previsto no artigo 155, § 2º, III, da CF/88, permite que os estados estabeleçam alíquotas diferenciadas de ICMS com base na essencialidade dos produtos ou serviços. Essa diferenciação tem o objetivo de promover políticas sociais e econômicas, incentivando o consumo de produtos essenciais e desestimulando o consumo de produtos prejudiciais.

Exemplo Prático:

Um estado decide tributar alimentos básicos, como arroz e feijão, com uma alíquota de 7%, enquanto tributa produtos supérfluos, como bebidas alcoólicas, com uma alíquota de 20%. Essa diferenciação de alíquotas é uma aplicação do princípio da seletividade do ICMS.

3. Destinação do Imposto:

A destinação do ICMS é determinada pela legislação de cada estado, mas parte da arrecadação é destinada a áreas como saúde, educação, segurança pública e infraestrutura, conforme estabelecido no artigo 158, IV, da CF/88. Esses recursos são fundamentais para o financiamento de serviços públicos essenciais e o desenvolvimento socioeconômico das regiões.

Exemplo Prático:

Um estado destina 25% da arrecadação de ICMS para o financiamento de hospitais públicos e 20% para a manutenção de escolas estaduais. Essa destinação do imposto contribui para a melhoria dos serviços de saúde e educação no estado.

- Além disso, essa prática pode incentivar uma maior conscientização e engajamento cívico por parte da população, que passa a compreender melhor a importância de cada contribuição tributária para a construção de uma sociedade mais justa e equitativa. Assim, a destinação específica de parte da arrecadação do ICMS para saúde e educação não apenas melhora diretamente a qualidade desses serviços, mas também fortalece o vínculo entre o Estado e seus cidadãos, promovendo uma maior transparência e confiança mútua.

Não menos importante, todo profissional que trabalha com ICMS deve conhecer profundamente os seguintes princípios:

Princípio da Legalidade
Este princípio, previsto no artigo 150, I, da Constituição Federal, estabelece que é vedado à União, aos Estados, ao Distrito Federal e aos Municípios exigir ou aumentar tributo sem lei que o estabeleça. No contexto do ICMS, isso significa que qualquer cobrança ou alteração na alíquota ou base de cálculo desse imposto deve ser feita por meio de lei estadual.

Princípio da Uniformidade Geográfica
O princípio da uniformidade geográfica, previsto no artigo 152 da CF/88, proíbe a instituição de diferenças tributárias entre bens e serviços de origem nacional e estrangeira. No âmbito do ICMS, isso implica que as mercadorias importadas não podem ser desfavorecidas em relação às nacionais.

Princípio da Anterioridade
De acordo com o artigo 150, III, b, da Constituição, a cobrança de tributos só pode ocorrer no exercício financeiro seguinte ao da publicação da lei que os instituiu ou aumentou. Esse princípio garante um período de adaptação para contribuintes e empresas antes da aplicação de novas alíquotas ou regras tributárias.

Princípio da Capacidade Contributiva
Embora não mencionado explicitamente em relação ao ICMS, o princípio da capacidade contributiva, previsto no artigo 145, § 1º, da CF/88, é um princípio geral do sistema tributário que deve orientar a aplicação dos tributos, incluindo o ICMS. Este princípio assegura que os tributos devem ser cobrados de acordo com as possibilidades econômicas do contribuinte, buscando uma distribuição equitativa da carga tributária.

SUJEITO PASSIVO - CONTRIBUINTE DO ICMS - (Art. 4º da LC 87/96)

Cabe a lei complementar definir os contribuintes (art. 155,II, § 2º, XII,"a").

Art. 4º da LC/87/96 - **Contribuinte** é qualquer pessoa, física ou jurídica, que realize, com habitualidade ou em volume que caracterize intuito comercial, operações de circulação de mercadoria ou prestações de serviços de transporte interestadual e intermunicipal e de comunicação, ainda que as operações e as prestações se iniciem no exterior.

Parágrafo único. **É também contribuinte** a pessoa física ou jurídica que, mesmo sem habitualidade ou intuito comercial:
I – importe mercadorias ou bens do exterior, qualquer que seja a sua finalidade;

II – seja destinatária de serviço prestado no exterior ou cuja prestação se tenha iniciado no exterior;

III – adquira em licitação mercadorias ou bens apreendidos ou abandonados;

IV – adquira lubrificantes e combustíveis líquidos e gasosos derivados de petróleo e energia elétrica oriundos de outro Estado, quando não destinados à comercialização ou à industrialização.

Vamos descomplicar essa parte da legislação sobre o ICMS, focando no que significa ser um contribuinte desse imposto, conforme descrito no Art. 4º da Lei Complementar nº 87/96, também conhecida como Lei Kandir.

Quem é o Contribuinte do ICMS?

Imagine que você tem uma loja que vende celulares ou uma empresa que presta serviços de transporte entre diferentes cidades. Nesse caso, você é considerado um contribuinte do ICMS. Isso significa que, ao realizar essas atividades, você tem a responsabilidade de calcular, recolher e repassar o valor do ICMS para o governo.

A lei é bem clara ao dizer que tanto pessoas físicas quanto jurídicas podem ser contribuintes do ICMS, desde que realizem atividades que envolvam a circulação de mercadorias ou a prestação de serviços de transporte e comunicação que ultrapassem as fronteiras de um município ou estado. E mais, não importa se essas operações começam fora do Brasil; se elas terminam aqui, o ICMS deve ser considerado.

Quem é o Contribuinte do ICMS?

Imagine que você tem uma loja que vende celulares ou uma empresa que presta serviços de transporte entre diferentes cidades. Nesse caso, você é considerado um contribuinte do ICMS. Isso significa que, ao realizar essas atividades, você tem a responsabilidade de calcular, recolher e repassar o valor do ICMS para o governo.

A lei é bem clara ao dizer que tanto pessoas físicas quanto jurídicas podem ser contribuintes do ICMS, desde que realizem atividades que envolvam a circulação de mercadorias ou a prestação de serviços de transporte e comunicação que ultrapassem as fronteiras de um município ou estado. E mais, não importa se essas operações começam fora do Brasil; se elas terminam aqui, o ICMS deve ser considerado.

E os Casos Especiais?

A lei também fala sobre situações especiais onde alguém pode se tornar contribuinte do ICMS, mesmo que não faça isso habitualmente ou com intenção de lucro. Vamos ver alguns exemplos:

Importação: Se você compra um produto de outro país, seja para uso pessoal ou para vender na sua loja, você deve pagar o ICMS sobre essa importação.

Serviços do Exterior: Se sua empresa contrata um serviço que é realizado no exterior, como uma consultoria de marketing digital feita por uma empresa estrangeira, você também é responsável pelo ICMS.

Licitação de Mercadorias Apreendidas: Imagine que você compra um carro em um leilão da Receita Federal. Esse carro foi apreendido na alfândega. Nesse caso, você também vai pagar ICMS.

Compra de Combustíveis e Energia de Outro Estado: Se você tem uma empresa que compra combustível ou energia elétrica de outro estado, e esses produtos não são para vender ou para produzir algo, você também deve recolher o ICMS.

Por Que Isso é Importante?

Entender quem é contribuinte do ICMS é crucial porque define quem tem a obrigação de lidar com esse imposto. Isso afeta desde grandes empresas até pessoas que fazem compras internacionais pela internet. Saber se você é ou não um contribuinte do ICMS ajuda a evitar surpresas desagradáveis com a fiscalização e garante que você esteja cumprindo suas obrigações legais.

Em resumo, o ICMS é um imposto que toca muitas atividades econômicas, e praticamente qualquer operação que envolva circulação de mercadorias ou prestação de serviços específicos pode estar sujeita a ele. Entender essas regras é o primeiro passo para gerenciar corretamente suas obrigações tributárias.

SUJEITO PASSIVO - CONTRIBUINTE DO ICMS

- O Sujeito Passivo do ICMS, de acordo com o art. 4º a LC 87/96, poderá ser:
- pessoas que pratiquem operações relativas à circulação de mercadoria;
- importadores de bens de qualquer natureza;
- prestadores de serviços de transporte interestadual e intermunicipal;
- prestadores de serviços de comunicação.

Substituto Tributário ICMS – SUJEITO PASSIVO

- **Base Legal:**
- **Constituição Federal** – art. 150, § 7º (introduzido pela EC 3/93), c/c art. 155, § 2º, XII, "b";
- **Lei Complementar 87/87** (art. 6º, disciplina a ST);

Constituição Federal - (art. 150, § 7º)

•"§ 7.º A lei poderá atribuir a sujeito passivo de obrigação tributária a condição de responsável pelo pagamento de imposto ou contribuição, cujo fato gerador deva ocorrer posteriormente, assegurada a imediata e preferencial restituição da quantia paga, caso não se realize o fato gerador presumido. "
(...)
Dispõe o art. 150, § 2º, XII:

"2.º O imposto previsto no inciso II atenderá ao seguinte:
(...)
XII - cabe à lei complementar:
b) dispor sobre substituição tributária;"

Substituto Tributário - (Art. 155, § 2º, XII, "b", da CF, c/c 6º da LC/87)

Art. 6o **Lei estadual** poderá atribuir a contribuinte do imposto ou a depositário a qualquer título a responsabilidade pelo seu pagamento, hipótese em que assumirá a condição de **substituto tributário**.

§ 1º A responsabilidade poderá ser atribuída em relação ao imposto incidente sobre uma ou mais operações ou prestações, sejam antecedentes, concomitantes ou subseqüentes, inclusive ao valor decorrente da diferença entre alíquotas interna e interestadual nas operações e prestações que destinem bens e serviços a consumidor final localizado em outro Estado, que seja contribuinte do Imposto.

§ 2o A atribuição de responsabilidade dar-se-á em relação a mercadorias, bens ou serviços previstos em lei de cada Estado.
Art. 9º A adoção do regime de substituição tributária em operações interestaduais dependerá de acordo específico celebrado pelos Estados interessados.

CONVÊNIO ICMS 92, DE 20 DE AGOSTO DE 2015
Estabelece a sistemática de uniformização e identificação das mercadorias e bens passíveis de sujeição aos regimes de substituição tributária e de antecipação de recolhimento do ICMS com o encerramento de tributação, relativos às operações subsequentes.

Parágrafo único. Este convênio se aplica a todos os contribuintes do ICMS, optantes ou não pelo Regime Especial Unificado de Arrecadação de Tributos e Contribuições - Simples Nacional.

CONVÊNIO ICMS 146, DE 11 DE DEZEMBRO DE 2015
Altera o Convênio ICMS 92/15, que estabelece a sistemática de uniformização e identificação das mercadorias e bens passíveis de sujeição aos regimes de substituição tributária e de antecipação de recolhimento do ICMS com o encerramento de tributação, relativos às operações subsequentes.

A substituição tributária do ICMS **falaremos mais no capitulo 3**, os tipos, daremos exemplos práticos, mas nesse momento é importante guardar que esse é um mecanismo que simplifica a arrecadação deste imposto, transferindo a responsabilidade do recolhimento para um contribuinte específico dentro da cadeia de comercialização, conhecido como substituto tributário. Vamos destrinchar essa parte do trabalho para entender melhor como funciona esse regime e sua base legal.

Base Legal da Substituição Tributária do ICMS

A Constituição Federal, em seu artigo 150, § 7°, introduzido pela Emenda Constitucional n° 3/93, permite que a lei atribua a um sujeito passivo (contribuinte) a responsabilidade pelo pagamento de um imposto ou contribuição antes mesmo da ocorrência do fato gerador. Isso significa que uma empresa pode ser responsabilizada pelo recolhimento do ICMS devido por outras empresas em etapas subsequentes da cadeia de comercialização.

O artigo 155, § 2°, XII, "b", complementa essa disposição, especificando que cabe à lei complementar dispor sobre a substituição tributária. Nesse contexto, a Lei Complementar n° 87/87 (Lei Kandir), especialmente em seu artigo 6°, estabelece as diretrizes para a implementação da substituição tributária do ICMS.

Funcionamento da Substituição Tributária

Sob o regime de substituição tributária, o substituto tributário (geralmente o fabricante ou distribuidor) é responsável por recolher antecipadamente o ICMS que incidiria sobre todas as operações subsequentes até o consumidor final. Isso inclui não apenas o ICMS de suas próprias operações, mas também o dos varejistas e outros intermediários na cadeia de distribuição.

Esse mecanismo visa evitar a sonegação fiscal e simplificar a arrecadação do imposto, concentrando a responsabilidade do recolhimento em um número menor de contribuintes. Além disso, permite que o governo receba o imposto mais cedo, melhorando o fluxo de caixa do Estado.

Convênios ICMS e a Uniformização da Substituição Tributária

Os Convênios ICMS 92/2015 e 146/2015 são fundamentais para a operacionalização da substituição tributária, pois estabelecem uma sistemática de uniformização e identificação das mercadorias e bens sujeitos a esse regime. Isso facilita a aplicação da substituição tributária em operações interestaduais, garantindo que as regras sejam claras e aplicáveis de forma consistente em todos os estados.

Comentário

A substituição tributária é um exemplo claro de como o sistema tributário busca eficiência e justiça fiscal, ao mesmo tempo em que apresenta desafios para os contribuintes, especialmente em termos de fluxo de caixa e gestão tributária. Para as empresas, compreender esse regime é crucial, pois afeta diretamente a forma como o ICMS é calculado e recolhido, além de exigir um acompanhamento constante das legislações estaduais, que podem variar significativamente.

Em resumo, a substituição tributária simplifica a arrecadação do ICMS, mas também impõe uma série de obrigações e desafios para os contribuintes designados como substitutos tributários. É fundamental que as empresas estejam bem informadas e atualizadas sobre as regras aplicáveis, para garantir a conformidade fiscal e evitar penalidades.

CAPÍTULO 3: ESTRUTURA E FUNCIONAMENTO DO ICMS

Neste capítulo, realizaremos uma análise detalhada da estrutura do ICMS, com ênfase nas alíquotas, bases de cálculo e regimes de tributação. Compreender a organização e o funcionamento deste imposto é fundamental para garantir sua correta aplicação e evitar problemas fiscais para as empresas.

1. Alíquotas do ICMS:

As alíquotas do ICMS são definidas pelos estados e pelo Distrito Federal, conforme previsto no artigo 155 da Constituição Federal de 1988 (CF/88). Elas variam de acordo com a mercadoria ou serviço e o tipo de operação realizada.

Alíquota Interna: Aplicada nas operações realizadas dentro do mesmo estado. Por exemplo, se uma empresa vende um produto dentro do estado em que está estabelecida, será aplicada a alíquota interna desse estado.

Alíquota Interestadual: Aplicada nas operações entre diferentes estados. Nesse caso, a alíquota é dividida entre o estado de origem e o estado de destino da mercadoria, conforme estabelecido na Lei Complementar nº 87/1996, conhecida como "Lei Kandir".

O **ICMS interestadual** é o imposto pago pela circulação de mercadorias entre os estados brasileiros. Ele foi criado a partir da Emenda Constitucional n.º 87/2015. O objetivo é que o imposto seja partilhado pelos dois estados envolvidos na negociação, o de origem e o de destino. Essa emenda instituiu o **Difal (Diferencial de Alíquota do ICMS),** que é uma diferença de alíquota para tornar a arrecadação mais justa.

Antes de 2015, quando havia uma negociação interestadual, o ICMS ficava no estado da empresa vendedora e o estado de destino não arrecadava nenhum valor. No entanto, com o aumento das vendas pela internet e o envio de mercadorias de um estado para outro, isso produziu distorções significativas em relação à distribuição da arrecadação.

Desde a criação do Difal, tanto o estado de origem como o estado de destino arrecadam ICMS de operações interestaduais

O ICMS incide quando há uma mudança de titularidade de um bem ou serviço, seja por meio de uma venda, uma doação, uma transferência ou uma importação. Em regra, o ICMS incide sobre as seguintes operações:

- Vendas de mercadorias;
- Prestação de serviços de transporte e telecomunicações.

O ICMS interestadual é um imposto crucial para as operações comerciais entre estados brasileiros. Vamos explorar as diferentes alíquotas.

Alíquotas Interestaduais:

Alíquotas Interestaduais do ICMS		
Origem		Destino
Qualquer região	12%	Sul Sudeste (exceto ES)
Sul Sudeste (exceto ES)	7%	Norte Nordeste Centro-Oeste Espírito Santo (ES)
Norte Nordeste Centro-Oeste Espírito Santo (ES)	12%	Norte Nordeste Centro-Oeste Espírito Santo (ES)

As alíquotas de ICMS variam de acordo com o estado de origem e o estado de destino da mercadoria.
A alíquota interestadual é aplicada nas operações entre estados.

As principais alíquotas interestaduais são:

7%: Para operações com destino ao Espírito Santo e estados das regiões norte, nordeste e centro-oeste.

12%: Para operações com destino aos estados das regiões sul e sudeste (exceto o Espírito Santo)

Temos ainda alíquota de 4% no contexto do **ICMS interestadual**. Essa alíquota é aplicada a operações entre estados e está relacionada a bens importados ou com **Conteúdo de Importação** (CI) superior a 40%. Aqui estão os pontos importantes:

1. Aplicação da Alíquota de 4%:
o A Resolução do Senado Federal n.º 13/2012 estabeleceu a alíquota de 4% para operações interestaduais.

o Essa alíquota se aplica a bens e mercadorias importados do exterior que, após o desembaraço aduaneiro:

- **Não tenham sido submetidos a processo de industrialização** (como matéria-prima).
- Ou, mesmo que tenham passado por processo de transformação, beneficiamento, montagem, acondicionamento, etc., resultem em mercadorias com **Conteúdo de Importação superior a 40%.**

1. Exemplo:

o Imagine uma empresa que importa um produto e o deposita em seu estoque.
o Posteriormente, essa empresa vende a mercadoria importada para um contribuinte situado em outro estado.
o Ocorrem duas operações: **importação e interestadual**.
o A importação utiliza a alíquota de ICMS definida pelo estado de origem.
o Já a operação subsequente (interestadual) **utiliza a alíquota de 4%**.

2. Ficha de Conteúdo de Importação (FCI):

- A FCI é um documento que informa o **Conteúdo de Importação** de um produto.
- Ela é obrigatória e deve ser entregue periodicamente.
- Produtos com CI menor ou igual a 40% não precisam apresentar a FCI.

3. Benefícios e Objetivos:

- A alíquota de 4% visa **uniformizar** a tributação em operações interestaduais.
- Evita distorções e garante que produtos importados sejam tributados de forma adequada.

Exemplos Práticos:

Uma empresa localizada em São Paulo vende um produto para um cliente no Rio de Janeiro. Nessa situação, será aplicada a alíquota interestadual de 12% para o Rio de Janeiro, e o diferencial de alíquota deve ser recolhido ao estado de destino.

2. Bases de Cálculo do ICMS:

A base de cálculo do ICMS é o valor sobre o qual o imposto incide. Segundo o artigo 13 da Lei Complementar nº 87/1996, a base de cálculo para operações internas é o valor da operação, incluindo frete, seguro e outros encargos. Já para as operações interestaduais, a base de cálculo é o valor da mercadoria, acrescido do frete e do seguro.

Exemplo Prático:

Uma empresa adquire mercadorias por R$ 1.000,00 e paga R$ 180,00 de frete. Nesse caso, a base de cálculo do ICMS será de R$ 1.180,00 para operações internas.

Exploração das Nuances do ICMS em Operações Internas, Interestaduais e de Importação

O ICMS apresenta nuances distintas dependendo do tipo de operação realizada: interna, interestadual ou de importação. Compreender essas diferenças é fundamental para uma correta aplicação e cumprimento das obrigações fiscais por parte das empresas.

1. Operações Internas:

Uma loja de eletrodomésticos localizada em São Paulo vende uma geladeira por R$ 2.000,00 para um consumidor final dentro do estado. A alíquota interna de ICMS em São Paulo é de 18%. Portanto, o valor do ICMS será de R$ 360,00 (18% de R$ 2.000,00), e esse valor será recolhido para o estado de São Paulo.

Importantissimo!
Cálculo do Valor Líquido
O cálculo é feito da seguinte forma:
1. Preço de Venda ao Consumidor (com ICMS): R$ 2.000,00
2. Alíquota do ICMS: 18%

Para encontrar o valor líquido (valor da geladeira sem o ICMS), usamos a *fórmula:*
Valor Líquido= Preço de Venda / 1+Alíquota do ICMS em decimal
Convertendo a alíquota de 18% em decimal, temos 0,18. Então:

$$\text{Valor Líquido} = \frac{2.000,00}{1+0,18} = \frac{2.000,00}{1,18} = R\$1.694,92$$

Isso significa que, dos R$ 2.000,00 pagos pela geladeira, R$ 1.694,92 é o valor da geladeira sem o imposto, e R$ 305,08 (e não R$ 360,00, como se poderia pensar inicialmente) é o valor real do ICMS incluído no preço.

2. Operações Interestaduais:

Nas operações interestaduais, o ICMS incide sobre a circulação de mercadorias ou a prestação de serviços entre estados diferentes. Nesse caso, é necessário calcular o Diferencial de Alíquota (DIFAL).

O Diferencial de Alíquotas do ICMS (DIFAL) é um mecanismo de recolhimento utilizado em operações de vendas interestaduais para consumidores finais, sejam eles contribuintes ou não do ICMS. Ele se aplica quando produtos são comprados de outros estados para uso, consumo ou ativo imobilizado. Existem duas formas principais de calcular o DIFAL: por fora (base única) e por dentro (base dupla).

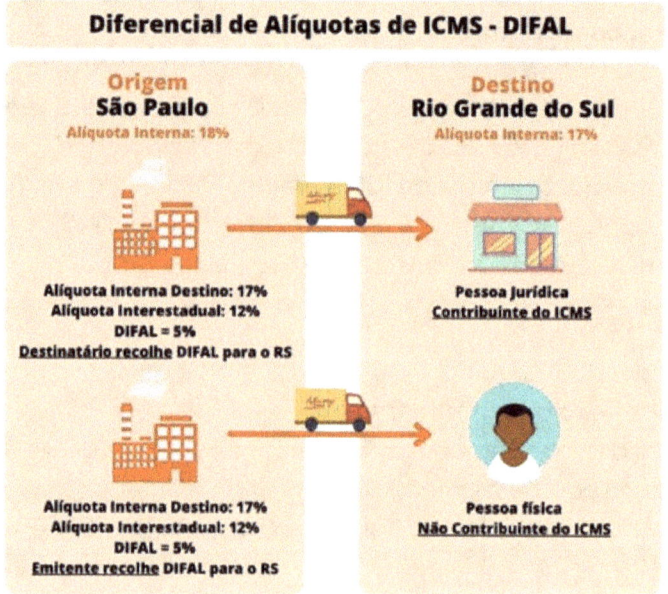

Vou explicar cada uma delas e fornecer um exemplo prático

Cálculo do DIFAL por fora (base única/simples):

Essa é a forma mais simples de calcular o DIFAL e se aplica tanto a operações com não contribuintes quanto a contribuintes do ICMS.

Estados que adotam o DIFAL por fora incluem AC, AM, AP, ES, MT, RJ, RR, SP, DF, CE, RN e RO (Essa lista pode sofrer alterações constantemente, confira o antes de fazer o cálculo no dia a dia). A intenção principal aqui é que você aprenda a fazer o cálculo.

O cálculo consiste em encontrar a base de cálculo do ICMS e, a partir dela, calcular o valor final do DIFAL.

Vamos supor uma operação de venda para um consumidor final, onde o estado do remetente é Mato Grosso e o consumidor final está em Minas Gerais:
Valor da operação (produto + despesas + IPI - descontos) = R$ 1000,00

Alíquota interestadual: 12%
Alíquota interna de Minas Gerais: 18%
Base de cálculo do ICMS: R$ 1000,00
DIFAL = (Base de cálculo do ICMS) x (Alíquota interna - Alíquota interestadual)
DIFAL = R$ 1000,00 x (18% - 12%) = R$ 60,00

Cálculo do DIFAL por dentro (base dupla):

Essa modalidade de cálculo é aplicada apenas em operações de venda para contribuintes do ICMS.

Estados que adotam o DIFAL por dentro incluem BA, MG, MS, PA, PI, PR, RS, SC, TO, SE, AL, GO, PE, MA e PB. (Essa lista pode sofrer alterações constantemente, confira o antes de fazer o cálculo no dia a dia). A intenção principal aqui é que você aprenda a fazer o cálculo.

O cálculo envolve duas bases de cálculo:

Base de cálculo 1: Valor total do produto - ICMS interestadual
Base de cálculo 2: Base de cálculo 1 / (100% - Alíquota interna)
ICMS interno: Base de cálculo 2 x Alíquota interna
DIFAL: ICMS interno - ICMS interestadual

Exemplo:

Valor total do produto = R$ 1000,00
Alíquota interestadual: 12%
Alíquota interna de Minas Gerais: 18%
Base de cálculo 1: R$ 1000,00 - R$ 120,00 = R$ 880,00
Base de cálculo 2: R$ 880,00 / 82% = R$ 1073,17
ICMS interno: R$ 1073,17 x 18% = R$ 193,17
DIFAL: R$ 193,17 - R$ 120,00 = R$ 73,17

Lembrando que essas alíquotas são exemplos e podem variar conforme a legislação de cada estado. É importante consultar as normas específicas para obter os valores corretos, uma vez que as regras de ICMS sobre alterações constantes. De todo modo o raciocínio não muda.

3. Operações de Importação:

O que é o ICMS na Importação?

O Imposto sobre Circulação de Mercadorias e Serviços (ICMS) é um tributo estadual brasileiro que incide sobre a circulação de mercadorias e a prestação de serviços de transporte interestadual e intermunicipal, bem como serviços de comunicação. Ele é regulamentado pela Lei Complementar 87/96 e é de competência dos estados e do Distrito Federal.

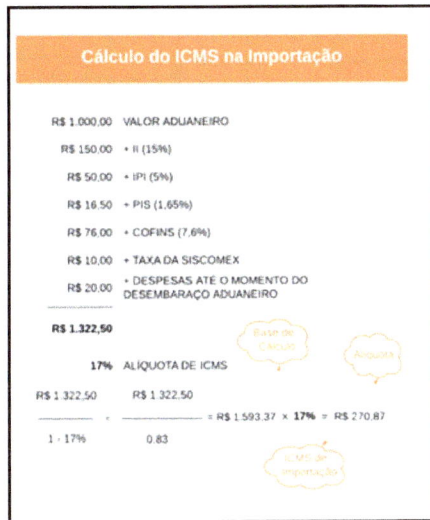

Base de Cálculo do ICMS na Importação

A base de cálculo do ICMS na importação é determinada pelo artigo 13 da Lei Complementar 87/96. Vamos analisar os componentes dessa base:

Valor da Mercadoria ou Bem: Corresponde ao valor constante nos documentos de importação, observando as regras do artigo 14.

Imposto de Importação: É o valor do imposto federal incidente sobre a importação.

Em resumo, a base de cálculo do ICMS na importação é a soma do valor da mercadoria ou bem com o imposto de importação, outros impostos, taxas e despesas correlatas.

É importante frisar que incide ICMS na Importação de Mercadorias, independentemente de o importador ser pessoa Física ou Jurídica, e independente da destinação que será dada à mercadoria.

A mesma coisa vale no caso de importação de Serviço de Comunicação!

Importante:

1- O ICMS da importação será calculado utilizando-se a alíquota interna do Estado do Destinatário da mercadoria ou bem.

2- No caso de serviço prestado junto com a entrega da mercadoria, o ICMS será cobrado sobre o total da operação quando duas condições forem atendidas: a mercadoria deve estar acompanhada do serviço, e o serviço não pode constar no rol de serviços de competência municipal.

Aspectos Temporal e Quantitativo

Para entender melhor, consideremos um exemplo prático: uma empresa importa equipamentos eletrônicos para revenda. O valor da mercadoria constante nos documentos de importação é de R$ 100.000, e o imposto de importação é de R$ 10.000. Vamos calcular o ICMS:

Base de Cálculo: R$ 100.000 (valor da mercadoria) + R$ 10.000 (imposto de importação) = R$ 110.000.
Alíquota do ICMS: Consultamos a legislação estadual para encontrar a alíquota aplicável. Suponhamos que seja 18%.
Cálculo do ICMS: R$ 110.000 × 18% = R$ 19.800.
Portanto, o ICMS devido na importação desses equipamentos eletrônicos é de R$ 19.800.

Base Legal

A base legal para a cobrança do ICMS na importação está prevista na Constituição Federal de 1988 (CF/88), no artigo 155, inciso II, e §2°, inciso IX. Segundo esse dispositivo, o ICMS incide sobre a entrada de bens ou mercadorias importados do exterior, tanto por pessoas físicas quanto jurídicas.

ICMS - MODALIDADE DE LANÇAMENTO

Imposto Objeto de Lançamento por Homologação – (CTN, art. 150 da Lei 5.172/66 - CTN)

150. O lançamento por homologação, que ocorre quanto aos tributos cuja legislação atribua ao sujeito passivo o dever de antecipar o pagamento sem prévio exame da autoridade administrativa, opera-se pelo ato em que a referida autoridade, tomando conhecimento da atividade assim exercida pelo obrigado, expressamente a homologa.

§ 4º Se a lei não fixar prazo a homologação, será ele de cinco anos, a contar da ocorrência do fato gerador; expirado esse prazo sem que a Fazenda Pública se tenha pronunciado, considera-se homologado o lançamento e definitivamente extinto o crédito, salvo se comprovada a ocorrência de dolo, fraude ou simulação.

Prazo decadencial nos casos de lançamento de ofício:

> Lançamento de Ofício (Art. 173, I, do CTN): 5 anos, o "primeiro dia do exercício seguinte àquele em que o lançamento poderia ter sido efetuado".

> **Prazo prescricional**: 5 anos

Já falamos anteriormente, mas é bom reforçar a seguinte diretriz constitucional

Art. 158. Pertencem aos Municípios:
(...)
III - cinqüenta por cento do produto da arrecadação do imposto do Estado sobre a propriedade de veículos automotores licenciados em seus territórios;

IV - vinte e cinco por cento do produto da arrecadação do imposto do Estado sobre operações relativas à circulação de mercadorias e sobre prestações de serviços de transporte interestadual e intermunicipal e de comunicação.

Parágrafo único. As parcelas de receita pertencentes aos Municípios, mencionadas no inciso IV, serão creditadas conforme os seguintes critérios:
I - três quartos, no mínimo, na proporção do valor adicionado nas operações relativas à circulação de mercadorias e nas prestações de serviços, realizadas em seus territórios;
II - até um quarto, de acordo com o que dispuser lei estadual ou, no caso dos Territórios, lei federal.

E Sobre lançamento por homologação:

Vamos descomplicar o conceito de lançamento por homologação no contexto do ICMS, utilizando uma linguagem simples e didática, conforme solicitado.

O que é Lançamento por Homologação?

No mundo dos tributos, o lançamento por homologação é um processo que envolve a participação ativa do contribuinte no pagamento do imposto. Basicamente, é quando a lei determina que o próprio contribuinte (sujeito passivo) calcule, declare e pague o imposto devido, sem que inicialmente haja uma revisão detalhada por parte da autoridade fiscal (Fazenda Pública).

Como Funciona?

Imagine que você tem uma loja. Ao vender seus produtos, você calcula quanto de ICMS deve ser pago sobre essas vendas. Então, você mesmo declara esse valor e efetua o pagamento ao governo. Esse é o seu papel no lançamento por homologação. Posteriormente, a autoridade fiscal pode revisar sua declaração e pagamento para verificar se tudo está correto. Se estiver tudo certo, a autoridade fiscal "homologa" o lançamento, ou seja, confirma que o pagamento foi feito corretamente.

E o Prazo para Homologação?

O Código Tributário Nacional (CTN), no artigo 150, menciona que, se a lei não estabelecer um prazo específico para a homologação, esse prazo será de cinco anos, contados a partir da ocorrência do fato gerador (ou seja, a venda dos produtos, no nosso exemplo). Se, após esse período, a Fazenda Pública não se manifestar, considera-se que o lançamento foi homologado automaticamente, e o crédito tributário é considerado definitivamente extinto, a menos que se prove a existência de dolo, fraude ou simulação.

Lançamento de Ofício

Por outro lado, temos o lançamento de ofício, que ocorre quando a autoridade fiscal identifica que o contribuinte não realizou o pagamento do imposto ou cometeu algum erro no processo. Nesse caso, a autoridade fiscal é que calcula o valor devido e notifica o contribuinte. O prazo para que a Fazenda Pública faça esse lançamento de ofício é de cinco anos, começando "no primeiro dia do exercício seguinte àquele em que o lançamento poderia ter sido efetuado".

Prazo Prescricional

Além disso, existe um prazo prescricional de cinco anos para a Fazenda Pública cobrar os créditos tributários. Isso significa que, após esse período, se o governo não tiver cobrado o imposto devido, ele perde o direito de fazê-lo.

Em suma:

Entender esses conceitos é crucial para qualquer contribuinte, pois ajuda a garantir que os impostos sejam pagos corretamente e dentro do prazo, evitando problemas futuros com a autoridade fiscal. No caso do ICMS, que é um imposto com muitas particularidades, estar atento a esses detalhes é ainda mais importante para manter a conformidade fiscal da sua empresa.

GUERRA FISCAL - *Resolução do Senado nº 13/2012*

Esse capítulo não estaria completo sem discutirmos um tema fundamental para todos que se dedicam ao estudo do ICMS.

"Guerra Fiscal" do ICMS que alguns estados praticaram com redução da carga tributária nas operações de importação, ainda que o destino final fosse efetivamente um terceiro estado.

Exemplos: ES (FUNDAP), GO (Porto Seco/Virtual) e SC

A Resolução do Senado Federal nº 13, de 2012, representa um marco significativo no cenário tributário brasileiro, especialmente no que tange ao ICMS (Imposto sobre Circulação de Mercadorias e Serviços). Esta resolução foi instituída com o objetivo de mitigar a chamada "guerra fiscal" entre os estados, um fenômeno que vinha causando distorções econômicas e competitivas no mercado nacional.

A "guerra fiscal" refere-se à prática de estados concederem benefícios fiscais de ICMS de forma unilateral, visando atrair investimentos e empresas para seus territórios. Embora essa prática possa parecer vantajosa para os estados individualmente, ela gera uma série de problemas, como a redução da arrecadação tributária, a criação de desigualdades regionais e a insegurança jurídica para as empresas.

A Resolução nº 13/2012 surge como uma resposta a esses desafios, estabelecendo uma alíquota interestadual uniforme de 4% para as operações com bens e mercadorias importados. Essa medida visa harmonizar a tributação entre os estados, reduzir as disputas fiscais e promover um ambiente de negócios mais equilibrado e previsível.

Objetivos:
- Proteção dos estados destinatários de bens e mercadorias importadas, tendo em vista a transferência de crédito sem o pagamento efetivo do tributo pelo estado de origem;

Objetivos - Continuação
- Preservar a indústria nacional;
- Promover a competitividade da mercadoria nacional.

O Senado Federal resolveu:

Art. 1º A alíquota do Imposto sobre Operações Relativas à Circulação de Mercadorias e sobre Prestação de Serviços de Transporte Interestadual e Intermunicipal e de Comunicação (ICMS), nas operações interestaduais com bens e mercadorias importados do exterior, será de 4% (quatro por cento).

Intenção do Legislador: Extinguir os benefícios fiscais concedidos na "Guerra dos Portos" (Alíquota única 4% em todas as operações interestaduais);

Sobre quais operações interestaduais deve ser aplicada a alíquota de 4%?

A aplicação da alíquota de 4% aplica-se em todas as operações interestaduais, conforme cláusula primeira do Ajuste SINIEF de nº , de 07 de novembro de 2012.

Cláusula segunda A alíquota do ICMS de 4% (quatro por cento) aplica-se nas operações interestaduais com bens e mercadorias importados do exterior que, após o desembaraço aduaneiro:

I - não tenham sido submetidos a processo de industrialização;

II - ainda que submetidos a processo de transformação, beneficiamento, montagem, acondicionamento, reacondicionamento renovação ou recondicionamento, resultem em mercadorias ou bens com Conteúdo de Importação superior a 40% (quarenta por cento).

SITUAÇÕES PARA APLICAÇÃO DA RESOLUÇÃO SENADO 13/12 (Ajuste 19/12 Cláusula 2ª):

Cláusula segunda - A alíquota do ICMS de 4% (quatro por cento) aplica-se nas operações interestaduais com bens e mercadorias importados do exterior que, após o desembaraço aduaneiro:

I - não tenham sido submetidos a processo de industrialização;

II - ainda que submetidos a processo de transformação, beneficiamento, montagem, acondicionamento, reacondicionamento renovação ou recondicionamento, resultem em mercadorias ou bens com Conteúdo de Importação superior a 40% (quarenta por cento).

Se aplica quando a parcela da matéria-prima empregada na industrialização for superior a 40% do produto final.

ABRANGÊNCIA (Resolução do Senado 13/12 c/c Ajuste SINIEF 19/2012)

Será de 4% a alíquota do ICMS nas operações interestaduais com bens e mercadorias importados do exterior (com similar nacional) que, após seu desembaraço aduaneiro:

Não tenham sido submetidos a processo de industrialização (bens e mercadorias);

Ainda que submetidos a qualquer processo de industrialização resultem em mercadorias ou bens com Conteúdo de Importação superior a 40%.

CONTEÚDO DE IMPORTAÇÃO
(Regulamentado: Ajuste SINIEF 19/2012 - § 1º e 2º)

Cláusula quarta Conteúdo de Importação é o percentual correspondente ao quociente entre o valor da parcela importada do exterior e o valor total da operação de saída interestadual da mercadoria ou bem submetido a processo de industrialização.

$$CI = \frac{\text{valor da parcela importada do exterior}}{\text{valor total da operações de saída interestadual da mercadoria/bem}}$$

CI 40% (Aplica-se a alíquota de 4%), caso não, utiliza-se as atuais alíquotas interestaduais (7 e 12%)

Conteúdo de importação:
- Deverá ser recalculado sempre que, após sua última aferição, a mercadoria ou bem objeto de operação interestadual tenham sido submetidos a novo processo de industrialização.

valor da parcela importada do exterior:
- Valor da importação que corresponde (base de cálculo do ICMS) incidente na operação de importação conforme descrito no art. 13, inciso V, da LC 87/96, inclusive quando houver previsão de desoneração do ICMS;

valor total da operação de saída interestadual:
- Valor total do bem ou da mercadoria incluídos os tributos incidentes na operação própria do remetente.

PARCELA IMPORTADA X BASE DE CÁLCULO
(Regulamentado: Ajuste SINIEF 19/2012 – Cláusula 4ª, § 2º)

I - valor da parcela importada do exterior, o valor da importação que corresponde ao valor da base de cálculo do ICMS incidente na operação de importação conforme descrito no art. 13, inciso V, da Lei Complementar nº 87, de 13 de setembro de 1996;

II - valor total da operação de saída interestadual, o valor total do bem ou da mercadoria incluídos os tributos incidentes na operação própria do remetente.

EXCEÇÕES - Ajuste SINIEF 19/2012 (Cláusula 3ª)

Não se aplica a regra da Resolução 13/2012 (AJ SINIEF 19/12):

Nas operações interestaduais de bens e mercadorias importados do exterior:

1.1. Sem similar nacional:
Constante em lista definida pelo CAMEX - Conselho de Ministros da Câmara de Comércio Exterior – Resolução 79/2012.

Aplica-se a alíquota normal definida para as demais operações interestaduais 7% ou 12%

Não se aplica a regra da Resolução 13/2012:

2. Nas operações interestaduais de bens e mercadorias (Cláusula 3ª, II):
   - Produzidos em zonas francas e áreas de livre comércio (Dec. 288/67);

   - Aquisições de bens e serviços de informática e automação, conforme definido na Lei 8.248/91;

   - Equipamentos para TV digital e componentes eletrônicos semicondutores e outros, conforme Lei 11.484/07.

3. Gás natural importado do exterior (Cláusula 3ª, III).

Benefício fiscal, anteriormente concedido, na operação interestadual com bem ou mercadoria importados do exterior, ou com conteúdo de importação, sujeitos à alíquota do ICMS de 4% (quatro por cento, exceto se:
I - de sua aplicação em 31 de dezembro de 2012 resultar carga tributária menor que 4% (quatro por cento);
II - tratar-se de isenção.

Parágrafo único. Na hipótese do inciso I do caput, deverá ser mantida a carga tributária prevista na data de 31 de dezembro de 2012.

CONTROLE DAS OPERAÇÕES INTERESTADUAIS
(Ajustes SINIEF 19 e 20/2012)

Emissão de NFe com CST - Código de Situação Tributária específico. Identifica a origem: nacional ou internacional (Ajuste SINIEF 20/12);

Apresentação pelo contribuinte da FCI – Ficha de Conteúdo de Importação (Ajuste SINIEF 19/12);

Relação CAMEX, com indicação dos produtos sem similar nacional (Ajuste SINIEF 19/12 e Resolução CAMEX 79/2012);

QUESTIONAMENTOS

1- Em que momento será recolhido o ICMS?

Nos prazos definidos nas legislações de cada UF.
A Resolução 13/12 não exige o pagamento do imposto de forma antecipada.

2-Documentos aprovados pelo Confaz ref. Resolução 13/2012

- Ajuste SINIEF de n° 19/12 - Procedimentos Res.13/12;
- Ajuste SINIEF de n° 27/12 – Adia p 01/05/13 obrigatoriedade da FCI;
- Ajuste SINIEF de n° 20/12 - criação de novos CST;
- Convênio de n° 123/12 - veda a concessão de benefícios fiscais para as operações a que se refere a Resolução 13/12;
- Ato COTEPE/ICMS 61/12 – Especificações técnicas: preenchimento, geração e transmissão da FCI;

3-Quais os procedimentos a serem utilizados pelos contribuintes nas operações interestaduais?

- Os definidos nos ajustes e convênios a aprovados pelo CONFAZ:
1. Ajuste SINIEF de n° 19/12;
2. Ajuste SINIEF de n° 20/12;
3. Convênio de n° 123/12.

4-Serão desenvolvidos ou adaptados programas para monitoramento?

- Além dos existentes (SPED/Nfe com CST específico para essa operação), os contribuintes estão obrigados a apresentarem a FCI – Ficha de Conteúdo de Importação, observando aplicativo eletrônico desenvolvido e disponibilizados pela SEFAZ/SP.

- FCI - Ficha de Conteúdo de Importação (AJ 19/12) para fins de identificação pelos fiscos, do percentual da matéria importada incorporada ao produto. A referida Ficha será transmitida de forma eletrônica, com acesso irrestrito aos estados de origem e destino da mercadoria.

- O Ajuste SINIEF 19/12 exige, também, o preenchimento no campo "Informações Adicionais da NFe":valor da parcela importada e o número da FCI e o Conteúdo de Importação expresso percentualmente .

Ficha de Conteúdo de Importação – FCI - Sistema

1. Desenvolvido por SP com apoio do RS;
2. Ambiente nacional em SP;
3. SEFAZ/SP desenvolverá validador para os arquivos (.txt) transmitidos pelos contribuintes de todas as UF's;
4. O validador vai assinar conjunto de fichas (FCI) com certificação digital ICP Brasil;
5. Arquivo .txt comportará até 100.000 registros(FCI);
6. Será expedido recibo de entrega por arquivo e n° de controle por FCI;
7. O número da FCI deverá ser informado no campo "informações adicionais do produto" da NF-e;
8. FCI será disponibilizada para as UF's de origem/destino.
9. Previsão de disponibilização para testes a partir de 18/12/12.

FICHA DE CONTEÚDO DE IMPORTAÇÃO – FCI

AJUSTE SINIEF 19/2012 – ANEXO ÚNICO

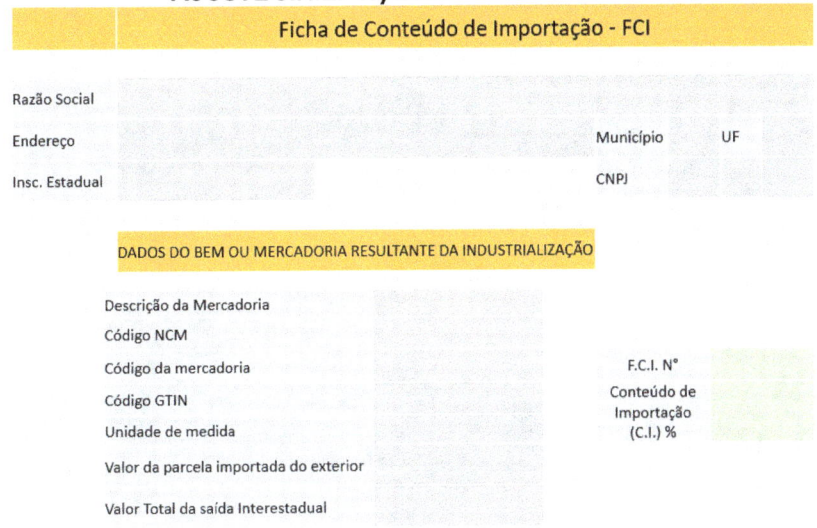

RESOLUÇÃO SENADO FEDERAL Nº 13/2012

Ficha de Conteúdo de Importação – FCI - Sistema

Ficha de Conteúdo de Importação – FCI – Fluxo

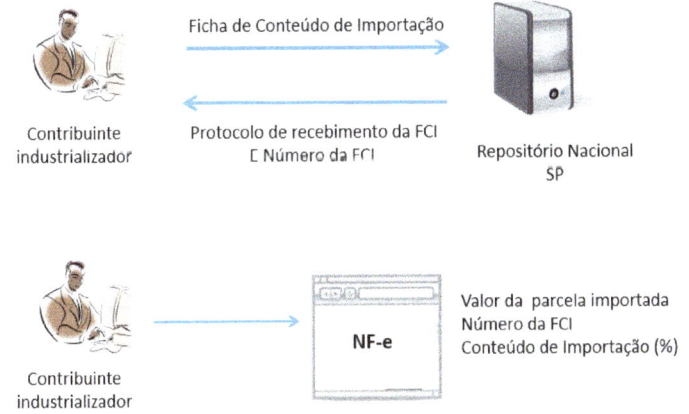

Ficha de Conteúdo de Importação – FCI - Fluxo

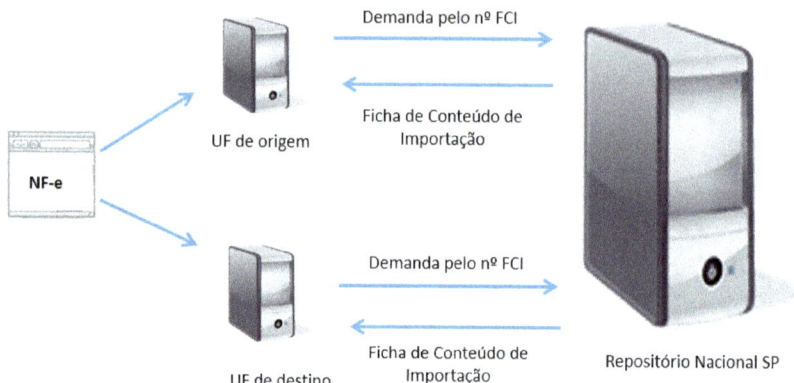

Ficha de Conteúdo de Importação

Ato COTEPE

§ 3º da Cláusula quinta do Ajuste SINIEF 19/12, de 7/11/2012:
"No preenchimento da FCI deverá ser observado ainda o disposto em Ato COTEPE/ICMS"

SP: Elaboração de minuta de texto de Ato COTEPE para dispor sobre as especificações técnicas para o preenchimento da Ficha de Controle de Importação – FCI, a geração de arquivo digital e o software de autenticação e transmissão via internet.

Manual do Usuário
Em fase de elaboração
Disponível para consulta a partir de 20/12/12

Divulgação em SP
1. Internet

Será disponibilizado link na página da SEFAZ com informações gerais sobre a Resolução SF nº 13/2012

2.Fórum
Padronização e divulgação do conhecimento (público interno)
3.Fale Conosco
Dúvidas e esclarecimentos
   http://www.fazenda.sp.gov.br/email/default2.asp
4.FAQ
Elaboração de arquivo contendo respostas a dúvidas frequentes

ESCLARECIMENTOS ADICIONAIS

- Prazo de vigência da resolução:

Operações interestaduais ocorridas a partir de 1º de janeiro de 2013 independentemente da data em que a importação foi efetuada.

- Tratamento a bens e mercadorias importadas de países integrantes do Mercosul: Idêntico às originadas de outros países.

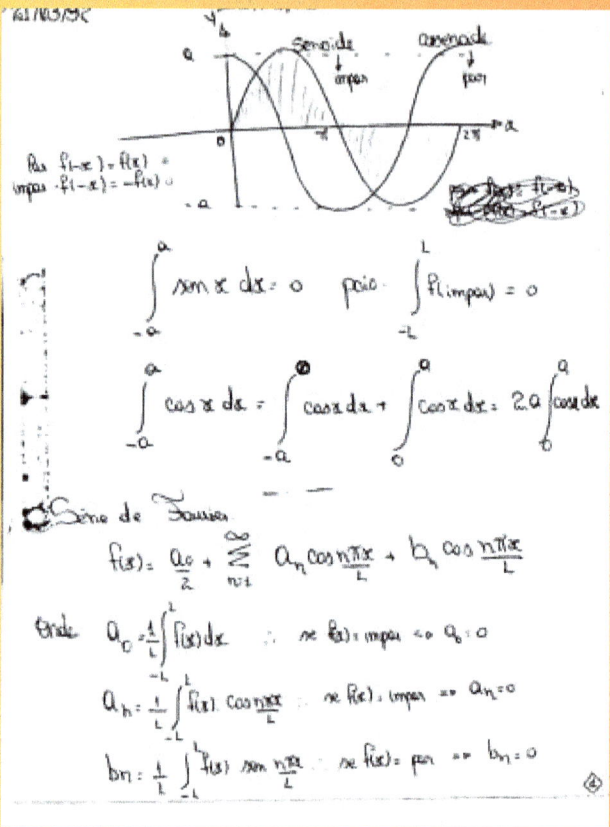

CAPÍTULO 4: CÁLCULOS AVANÇADOS DE ICMS

Neste capítulo, adentraremos nos cálculos avançados do ICMS, com uma abordagem aprofundada nos conceitos e práticas envolvidos na formação de preços, incluindo o conceito de gross up. Além disso, exploraremos exemplos práticos para elucidar cada tópico de forma clara e didática. Também mostrarei como apura e se chega no valor a pagar tanta em uma apuração padrão, como por ST.

1. Formação de Preços e Gross Up:

Na formação de preços, o cálculo do ICMS desempenha um papel crucial, uma vez que afeta diretamente a lucratividade e competitividade das empresas. O gross up, por sua vez, é uma técnica utilizada para inclusão do valor do ICMS no preço de venda, de modo a garantir que a empresa receba o montante líquido desejado após o recolhimento do imposto.

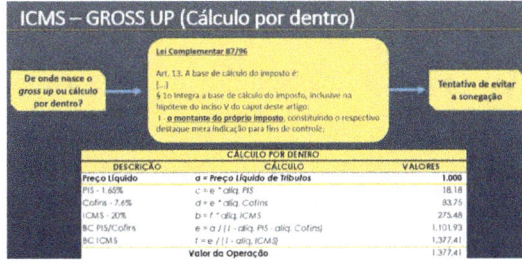

Conceito de Gross Up: Conforme você pode ver ao lado, o gross up consiste em calcular o valor do ICMS de forma a incorporá-lo no preço de venda, de modo que, após o recolhimento do imposto, a empresa obtenha o montante líquido desejado.

Exemplo Prático:

Suponhamos que uma empresa deseja obter um montante líquido de R$ 1.000,00 pela venda de um produto, considerando uma alíquota de ICMS de 18%. Para calcular o preço de venda com o gross up, primeiro deve-se determinar o valor bruto necessário para atingir esse montante, considerando o ICMS.

1 Montante líquido desejado: R$ 1.000,00
2 Alíquota de ICMS: 18%

Para calcular o valor bruto necessário, utilizamos a fórmula:

$$\text{Valor Bruto} = \frac{\text{Montante Líquido}}{(1 - \text{Alíquota de ICMS})}$$

$$\text{Valor Bruto} = \frac{1.000,00}{(1-0,18)} = \frac{1.000,00}{0,82} \approx 1.219,51$$

Portanto, o valor bruto necessário para obter um montante líquido de R$ 1.000,00 é de R$ 1.219,51. Esse é o preço de venda com o gross up.

Prova: Total da nota x alíquota do tributo ==> 1.219,51 x 18% = 219,51
Receita liquida: Total da nota - tributos ==> 1.219,51 - 219,51 = 1.000,00

Muitas pessoas se confundem e acreditam que basta acrescentar 18% ao valor líquido (R$1.000,00) para obter facilmente o valor bruto da nota, que seria R$1.180,00. No entanto, se você fizer isso, a receita líquida ficará menor que R$1.000,00. Isso ocorre porque 18% de R$1.180,00 é R$212,40. Nesse caso, a

receita líquida seria R$1.180,00 - R$212,40 = R$968,00. Ou seja, você perderia dinheiro, pois não recuperaria nem o custo da mercadoria vendida.

Neste tópico, exploramos o conceito de formação de preços com a técnica do gross up, apresentando um exemplo prático para ilustrar sua aplicação. Essa abordagem permite às empresas calcular preços de venda que garantam a obtenção do montante líquido desejado após o recolhimento do ICMS

Apuração padrão do ICMS (art. 19 da LC 87/96)

CRÉDITOS PELAS ENTRADAS	DÉBITOS PELAS SAÍDAS	APURAÇÃO	
		CREDORA	DEVEDORA
1.000,00	1.500,00		
SALDO DEVEDOR A RECOLHER			R$ 500,00

CRÉDITOS PELAS ENTRADAS	DÉBITOS PELAS SAÍDAS	APURAÇÃO	
		CREDORA	DEVEDORA
6.000,00	4.000,00		
SALDO CREDOR A TRANSFERIR PARA O MÊS SEGUINTE		R$ 2.000,00	

Para que você compreenda a apuração de forma fundamentada, utilizaremos uma combinação entre a Lei Kandir e a legislação estadual, especificamente a do Maranhão. Vale ressaltar que essas regras apresentam poucas variações entre os estados.

Da Apuração e do Pagamento do ICMS (Art. 31 do RICMS-MA/03)

Art. 31. O lançamento do imposto será feito nos documentos e nos livros fiscais, com a descrição das operações e das prestações realizadas, na forma prevista neste Regulamento.

Art. 32. O lançamento é de exclusiva responsabilidade do contribuinte e está sujeito a posterior homologação pela autoridade administrativa.

Art. 33. Todos os dados relativos ao lançamento serão fornecidos ao Fisco, mediante declarações de informações econômico- fiscais conforme modelo aprovado pelo órgão da Receita Estadual.

Do Direito ao Crédito - (art. 20 da LC 87/96)

Art. 20. Para a compensação a que se refere o artigo anterior, é assegurado ao sujeito passivo o direito de creditar-se do imposto anteriormente cobrado em operações de que tenha resultado a entrada de mercadoria, real ou simbólica, no estabelecimento, inclusive a destinada ao seu uso ou consumo ou ao ativo permanente, ou o recebimento de serviços de transporte interestadual e intermunicipal ou de comunicação.

Crédito Decorre de:

a) entrada de mercadoria real ou simbólica;
b) entrada de bens destinados a uso ou consumo ou ao ativo permanente;
c) recebimento de serviços de transporte interestadual e intermunicipal ou de comunicação.

Do Direito ao Crédito -(Art. 33 da LC 87/96)

I – somente darão direito de crédito as mercadorias destinadas ao uso ou consumo do estabelecimento nele entradas a partir de 1o de janeiro de 2020;

II – somente dará direito a crédito a entrada de energia elétrica no estabelecimento:
quando for objeto de operação de saída de energia elétrica;

b) quando consumida no processo de industrialização;

c) quando seu consumo resultar em operação de saída ou prestação para o exterior, na proporção destas sobre as saídas ou prestações totais; e

d) a partir de 1o de janeiro de 2020 nas demais hipóteses;

IV – somente dará direito a crédito o recebimento de serviços de comunicação utilizados pelo estabelecimento:

a) ao qual tenham sido prestados na execução de serviços da mesma natureza;

b) quando sua utilização resultar em operação de saída ou prestação para o exterior, na proporção desta sobre as saídas ou prestações totais;

Do Direito ao Crédito -(art. 35, § 2º, do RICMS/03)
Constitui, também, crédito fiscal do contribuinte, o valor do imposto destacado em Nota Fiscal, relativa às entradas de:

I - mercadorias destinadas à comercialização, desde que a saída subseqüente seja tributada;
II - matérias-primas ou produtos intermediários para emprego na industrialização de produto cuja saída seja tributada;
(...)

III - material de embalagem ou acondicionamento para utilização em mercadorias ou produtos tributados na saída;

IV – óleo diesel adquirido por empresa prestadora de serviço de transporte ferroviário, estritamente necessário à prestação do serviço e utilizado, exclusivamente, em veículo próprio.

CRÉDITO DECORRENTE DE ENTRADA DE BENS DESTINADOS AO ATIVO PERMANENTE

Dispõe o § 5º do art. 20 da LC 87/96:

"§ 5o Para efeito do disposto no caput deste artigo, relativamente aos créditos decorrentes de entrada de mercadorias no estabelecimento destinadas ao ativo permanente, deverá ser observado:

I – a apropriação será feita à razão de um quarenta e oito avos por mês, devendo a primeira fração ser apropriada no mês em que ocorrer a entrada no estabelecimento; (Inciso Incluído pela LCP nº 102, de 11.7.2000)

II – em cada período de apuração do imposto, não será admitido o creditamento de que trata o inciso I, em relação à proporção das operações de saídas ou prestações isentas ou não tributadas sobre o total das operações de saídas ou prestações efetuadas no mesmo período; (Inciso Incluído pela LCP nº 102, de 11.7.2000)

III – para aplicação do disposto nos incisos I e II deste parágrafo, o montante do crédito a ser apropriado será obtido multiplicando-se o valor total do respectivo crédito pelo fator igual a 1/48 (um quarenta e oito avos) da relação entre o valor das operações de saídas e prestações tributadas e o total das operações de saídas e prestações do período, equiparando-se às tributadas, para fins deste inciso, as saídas e prestações com destino ao exterior ou as saídas de papel destinado à impressão de livros, jornais e periódicos;

IV – o quociente de um quarenta e oito avos será proporcionalmente aumentado ou diminuído, pro rata die, caso o período de apuração seja superior ou inferior a um mês;

V – na hipótese de alienação dos bens do ativo permanente, antes de decorrido o prazo de quatro anos contado da data de sua aquisição, não será admitido, a partir da data da alienação, o creditamento de que trata este parágrafo em relação à fração que corresponderia ao restante do quadriênio;

VI – serão objeto de outro lançamento, além do lançamento em conjunto com os demais créditos, para efeito da compensação prevista neste artigo e no art. 19, em livro próprio ou de outra forma que a legislação determinar, para aplicação do disposto nos incisos I a V deste parágrafo; e

VII – ao final do quadragésimo oitavo mês contado da data da entrada do bem no estabelecimento, o saldo remanescente do crédito será cancelado. (Inciso Incluído pela LCP nº 102, de 11.7.2000)

Vedação do Uso do Crédito Fiscal (Art. § 1º, art. 20 da LC 87/96)

§ 1º Não dão direito a crédito as entradas de mercadorias ou utilização de serviços resultantes de operações ou prestações isentas ou não tributadas, ou que se refiram a mercadorias ou serviços alheios à atividade do estabelecimento.

§ 2º Salvo prova em contrário, presumem-se alheios à atividade do estabelecimento os veículos de transporte pessoal.

§ 3º É vedado o crédito relativo a mercadoria entrada no estabelecimento ou a prestação de serviços a ele feita:

I - para integração ou consumo em processo de industrialização ou produção rural, quando a saída do produto resultante não for tributada ou estiver isenta do imposto, exceto se tratar-se de saída para o exterior;

II - para comercialização ou prestação de serviço, quando a saída ou a prestação subseqüente não forem tributadas ou estiverem isentas do imposto, exceto as destinadas ao exterior.

§ 4º Deliberação dos Estados, na forma do art. 28, poderá dispor que não se aplique, no todo ou em parte, a vedação prevista no parágrafo anterior.

Comentário sobre o Artigo 20 da Lei Kandir

O Artigo 20 da Lei Kandir é um dos pilares fundamentais para a compreensão do direito ao crédito no âmbito do ICMS. Ele estabelece as diretrizes para a compensação do imposto, assegurando ao sujeito passivo o direito de creditar-se do imposto anteriormente cobrado em diversas operações. Este artigo é essencial para a gestão tributária das empresas, pois permite a recuperação de créditos fiscais, impactando diretamente na eficiência financeira e competitividade das organizações.

Direito ao Crédito

O direito ao crédito é garantido para as operações que resultam na entrada de mercadorias, sejam elas reais ou simbólicas, no estabelecimento. Isso inclui mercadorias destinadas ao uso ou consumo, ao ativo permanente, e o recebimento de serviços de transporte interestadual e intermunicipal ou de comunicação. A amplitude dessa previsão é significativa, pois abrange uma vasta gama de operações comerciais e industriais, permitindo uma compensação mais abrangente do ICMS pago.

Crédito Decorrente de Entradas

O artigo detalha que o crédito pode ser originado das seguintes situações:

- **Entrada de mercadoria real ou simbólica:** Isso inclui tanto a aquisição de mercadorias para revenda quanto aquelas destinadas ao uso interno da empresa.

- **Entrada de bens destinados ao uso ou consumo ou ao ativo permanente:** A inclusão de bens de uso e consumo e do ativo permanente é particularmente relevante, pois permite que investimentos em infraestrutura e equipamentos também gerem créditos fiscais.

- **Recebimento de serviços de transporte interestadual e intermunicipal ou de comunicação:** A abrangência dos serviços de transporte e comunicação reflete a importância desses serviços na cadeia produtiva e comercial.

Crédito de Ativo Permanente (CIAP)

Para os créditos decorrentes de entrada de mercadorias destinadas ao ativo permanente, o artigo estabelece um regime de apropriação proporcional ao longo de 48 meses. Este mecanismo visa alinhar o benefício fiscal com a vida útil dos bens adquiridos, promovendo uma compensação gradual e equilibrada. Algumas condições adicionais incluem:

- **Proporcionalidade:** A apropriação do crédito deve ser proporcional às operações tributadas e de exportação.
- **Alienação antecipada:** Caso os bens do ativo permanente sejam alienados antes de quatro anos, o crédito remanescente deve ser cancelado.
- **Lançamento específico:** Os créditos devem ser lançados de forma específica para garantir a correta aplicação das regras de apropriação.

Vedação ao Crédito

O artigo também especifica situações em que o crédito é vedado, como:

- Operações isentas ou não tributadas: Não dão direito a crédito as entradas de mercadorias ou serviços resultantes de operações isentas ou não tributadas.
- Mercadorias ou serviços alheios à atividade do estabelecimento: Presume-se que veículos de transporte pessoal são alheios à atividade do estabelecimento, salvo prova em contrário.

Conclusão

O Artigo 20 da Lei Kandir é um componente essencial na estrutura do ICMS, fornecendo um framework detalhado para a compensação de créditos fiscais. Compreender e aplicar corretamente essas disposições permite às empresas otimizar seus recursos, reduzir custos e evitar penalidades fiscais. A correta gestão dos créditos de ICMS, conforme estabelecido neste artigo, é uma ferramenta estratégica que pode fortalecer a posição competitiva das empresas no mercado.

Do Crédito Presumido - (Art. 39, do RICMS/03)

Art. 39. Constitui crédito presumido do imposto as situações arroladas no Anexo 1.5 deste Regulamento.
Parágrafo único. *A opção pelo crédito presumido, pelo contribuinte, em substituição ao sistema normal de tributação será feita para cada ano civil.*

O crédito presumido de ICMS é um benefício fiscal concedido pelos estados para simplificar a apuração do imposto e incentivar determinados setores econômicos. Ele permite que as empresas deduzam um valor fixo ou percentual do ICMS devido, independentemente dos créditos efetivamente acumulados, resultando em uma redução da carga tributária e promovendo a competitividade. Esse mecanismo é especialmente útil para empresas que enfrentam dificuldades na comprovação de créditos fiscais ou que operam em setores estratégicos para o desenvolvimento regional.

APURAÇÃO DO IMPOSTO - DEMONSTRATIVO DAS OPERAÇÕES

ENTRADAS	BASE DE CÁLCULO	ICMS DESTACADO
ENTRADAS DO ESTADO	100.000,00	
ENTRADAS DE OUTROS ESTADOS	100.000,00	
ENTRADAS DO EXTERIOR	10.000,00	
TOTAL DE ENTRADAS	210.000,00	

LRS - LIVRO DE REGISTRO DE SAÍDA	VALOR CONTÁBIL	BASE DE CÁLCULO	ICMS DESTACADO	ISENTAS/NÃO TRIBUTADAS
SAÍDAS NO ESTADO	1.000.000,00	1.000.000,00	180.000,00	
SAÍDAS PARA OUTROS ESTADOS	200.000,00	200.000,00	24.000,00	
TOTAL DE SAÍDAS	1.200.000,00	1.200.000,00	204.000,00	

Obs: 20% do valor dos débitos pelas saídas (R$ 204.000,00) corresponde a R$ 40.800,00

APURAÇÃO DO ICMS			
CRÉDITOS PELAS ENTRADAS		DÉBITOS PELAS SAÍDAS	
SALDO CREDOR DO MÊS ANTERIOR	0,00	DÉBITOS PELAS SAÍDAS	204.000,00
CRÉDITOS PELAS ENTRADAS	0,00	ESTORNO DE CRÉDITO	0,00
ESTORNO DE DÉBITOS	0,00	OUTROS DÉBITOS	0,00
OUTROS CRÉDITOS – CRÉDITO PRESUMIDO	40.800,00		
TOTAL DE CRÉDITOS	40.800,00	TOTAL DE DÉBITOS	204.000,00
ICMS APURADO	163.200,00		

Crédito Outorgado

São benefícios fiscais, concedidos via convênios entre as unidades federativas, que visam incentivar atividades econômicas, ou são concedidos para aquelas atividades que, em razão de serem primárias, não tem (ou quase não têm) crédito para compensar com os débitos relativos às suas vendas. (Frossard, Demerval-2014)

ANEXO 1.5.1 DO CRÉDITO OUTORGADO Res. Adm nº 15/14

Art. 1º Fica concedido, nos moldes do Convênio ICMS 85, de 30 de setembro de 2011, crédito outorgado ao contribuinte do imposto sobre operações relativas à circulação de mercadorias e sobre prestações de serviços de transporte interestadual, intermunicipal e de comunicação - ICMS que financiar investimento em infraestrutura

§ 2º O valor total do crédito outorgado para investimento em infraestrutura a que se refere o caput, não poderá exceder, em hipótese alguma, o valor do investimento realizado pela contratada. § 6º O contribuinte financiador poderá ceder, total ou parcialmente, o Certificado de Crédito Outorgado a outro contribuinte.

Condições para o Uso do Crédito-(Art. 37 do RICMS/03)

Art. 37. O direito ao crédito, para efeito de compensação com o débito do imposto reconhecido ao estabelecimento que tenha recebido as mercadorias ou para o qual tenham sido prestados os serviços, está condicionado à idoneidade da documentação e, se for o caso, à escrituração, nos prazos e condições estabelecidos neste Regulamento.

Parágrafo único. O direito de utilizar o crédito extingue-se depois de decorridos cinco anos contados da data de emissão do documento fiscal.

Art. 38. O crédito será admitido somente após sanadas as irregularidades, quando contidas em documento fiscal que:

I - não seja o exigido para a respectiva operação;
II - não contenha as indicações necessárias à perfeita identificação da operação;
III - apresente emendas ou rasuras que lhe prejudiquem a clareza.

Como já dissemos o crédito outorgado de ICMS é uma ferramenta fiscal que os governos estaduais utilizam para incentivar investimentos em setores estratégicos, como a infraestrutura. Vamos entender melhor como isso funciona e quais são suas implicações práticas.

O Que é o Crédito Outorgado?
Imagine que você é dono de uma empresa que precisa investir em infraestrutura, como a construção de um novo armazém ou a modernização de uma linha de produção. Esses investimentos são essenciais para o crescimento e a competitividade da sua empresa, mas também são caros. Para incentivar esses investimentos, o governo estadual pode conceder um crédito outorgado de ICMS.

Como Funciona?

O crédito outorgado permite que você deduza uma parte do ICMS que deve pagar ao governo, reduzindo assim a sua carga tributária. Esse benefício é concedido com base no valor do investimento que você realizou. Vamos ver um exemplo prático:

Exemplo Prático: Sua empresa investiu R$ 1.000.000,00 na construção de um novo armazém. O governo estadual concede um crédito outorgado de 10% sobre o valor do investimento. Isso significa que você pode deduzir R$ 100.000,00 do ICMS que deve pagar.

Regras e Limitações

Valor Máximo do Crédito: O crédito outorgado não pode exceder o valor do investimento realizado. No nosso exemplo, se o investimento foi de R$ 1.000.000,00, o crédito máximo é de R$ 1.000.000,00.

Cessão do Crédito: Você pode ceder, total ou parcialmente, esse crédito a outro contribuinte. Isso é útil se sua empresa não puder utilizar todo o crédito de uma vez. Por exemplo, você pode vender parte do crédito para outra empresa que precisa reduzir seu ICMS.

Documentação e Escrituração: Para utilizar o crédito, a documentação deve ser idônea e devidamente escriturada. Isso significa que todos os documentos fiscais devem estar corretos e registrados nos livros fiscais da empresa.

Prazo de Utilização: O direito de utilizar o crédito expira após cinco anos da emissão do documento fiscal. Portanto, é importante planejar bem o uso desse crédito para não perder o benefício.

Correção de Irregularidades: Se houver alguma irregularidade na documentação fiscal, o crédito só será admitido após a correção dessas falhas. Por exemplo, se um documento fiscal tiver rasuras ou informações incompletas, você precisará corrigir isso antes de utilizar o crédito.

Conclusão

O crédito outorgado de ICMS é uma ferramenta poderosa para empresas que realizam investimentos significativos em infraestrutura. Ele não só ajuda a reduzir a carga tributária, mas também incentiva o desenvolvimento econômico e a modernização das empresas. No entanto, é crucial entender as regras e limitações para aproveitar ao máximo esse benefício. Certifique-se de que toda a documentação esteja em ordem e planeje o uso do crédito dentro do prazo estipulado.

Da Manutenção do Crédito Fiscal (Art. 40 a 43 do RICMS/03)

Art. 40. Não se exigirá a anulação do crédito relativo às entradas que corresponderem às operações que destinem a outro Estado, petróleo, inclusive lubrificante, combustíveis líquidos e gasosos dele derivados, e energia elétrica.

Art. 41. Darão direito de crédito, que não será objeto de estorno, as mercadorias entradas no estabelecimento para integração ou consumo em processo de produção de mercadorias industrializadas, inclusive produto semi - elaborado, destinado ao exterior.

Art. 42. Não se estornam créditos referentes a mercadorias e serviços que venham a ser objeto de operações e prestações destinadas ao exterior.

Art. 43. Não se exigirá o estorno do crédito do imposto relativo às entradas , nas hipótese arroladas no Anexo 1.6 deste Regulamento

Comentário Geral sobre os Artigos 40 a 43

Os artigos 40 a 43 do regulamento do ICMS tratam de situações específicas em que as empresas não precisam estornar (ou seja, devolver) os créditos de ICMS obtidos em suas compras. Esses créditos são mantidos mesmo quando as mercadorias ou serviços adquiridos são destinados a operações interestaduais ou ao exterior. Isso é particularmente relevante para empresas que operam em mercados inter-estaduais ou internacionais, pois permite uma melhor gestão dos créditos fiscais e uma redução na carga tributária.

Exemplo Prático

Vamos imaginar uma empresa fictícia chamada "TecnoExport Ltda.", que fabrica componentes eletrônicos e realiza operações tanto no mercado interno quanto no exterior.

Cenário:

A TecnoExport Ltda. compra matérias-primas no valor de R$ 500.000,00 e paga R$ 90.000,00 de ICMS sobre essas compras. Parte dessas matérias-primas é utilizada para produzir componentes eletrônicos que serão exportados para a Europa.
Outra parte é utilizada para produzir produtos que serão vendidos para outro estado brasileiro.
Aplicação dos Artigos:

Art. 40: A TecnoExport Ltda. vende uma parte dos componentes eletrônicos para outro estado. Mesmo com essa venda interestadual, a empresa não precisa estornar o crédito de ICMS relativo às matérias-primas utilizadas, mantendo o crédito de R$ 90.000,00.

Art. 41 e Art. 42: A outra parte dos componentes eletrônicos é exportada para a Europa. As matérias-primas utilizadas na produção desses componentes dão direito a crédito de ICMS, que não precisa ser estornado, mesmo que o destino final seja o exterior. Assim, a TecnoExport Ltda. mantém o crédito de R$ 90.000,00.

Art. 43: Se a TecnoExport Ltda. se enquadrar em alguma das situações especificadas no Anexo 1.6 do regulamento, como a compra de insumos essenciais para a produção, ela também não precisará estornar o crédito de ICMS relativo a essas entradas.

Conclusão

Os artigos 40 a 43 são benéficos para empresas como a TecnoExport Ltda., pois permitem a manutenção dos créditos de ICMS em diversas situações, como operações interestaduais e exportações. Isso facilita a gestão fiscal e pode resultar em uma significativa redução da carga tributária, incentivando o comércio interestadual e internacional. Em resumo, esses artigos ajudam as empresas a otimizar seus recursos e a maximizar seus resultados financeiros.

Da Vedação do Crédito-(Art. 54 do RICMS/03)

Art. 54. Não dão direito a crédito as entradas de mercadorias ou utilização de serviços resultantes de operações isentas ou não-tributadas, ou que se refiram a mercadorias ou serviços alheios à atividade do estabelecimento.

§ 1° Salvo prova em contrário, presumem-se alheios à atividade do estabelecimento os veículos de transporte pessoal.

§ 2° Não implicará crédito para compensação com o montante do imposto devido nas operações ou prestações seguintes:

I - de operação ou prestação beneficiada por isenção ou não - incidência, salvo determinação em contrário da legislação;

II - de mercadoria ou serviço que vier a ser utilizado em fim alheio à atividade do estabelecimento;

Art. 55. É vedado o crédito relativo a mercadoria entrada no estabelecimento ou a prestação de serviços a ele feita:

I - para integração ou consumo em processo de industrialização ou produção rural, quando a saída do produto resultante não for tributada ou estiver isenta do imposto, exceto se tratar-se de saída para o exterior;

II - para comercialização ou prestação de serviço, quando a saída ou a prestação subseqüente não forem tributadas ou estiverem isentas do imposto, exceto as destinadas ao exterior

III – acobertadas por documento fiscal falso, ou que não contenha em destaque o valor do ICMS, ou que este esteja calculado em desacordo com a legislação tributária;

III – acobertadas por documento fiscal falso, ou que não contenha em destaque o valor do ICMS, ou que este esteja calculado em desacordo com a legislação tributária;
(...)
§ 1º Na hipótese do inciso III a proibição de deduzir o imposto calculado em desacordo com as normas da legislação aplica-se:

I - somente à parcela excedente do imposto calculado corretamente;

II - na hipótese do imposto calculado a menor, será creditado o valor destacado do documento fiscal, ficando assegurado ao contribuinte o direito de creditar-se da diferença mediante emissão da Nota Fiscal complementar pelo vendedor.

§ 4º Para os efeitos do inciso III, considera-se documento falso:

I - aquele que tenha sido confeccionado sem a devida autorização fiscal;

II - embora revestido das formalidades legais, tenha sido utilizado com intuito comprovado de fraude;

III - seja emitido por contribuinte fictício ou que não mais exercite suas atividades.

Vedação ao Crédito de ICMS
A vedação ao crédito de ICMS ocorre em situações específicas onde a legislação impede que as empresas utilizem o ICMS pago em suas compras para abater o ICMS devido em suas vendas. Isso é feito para evitar que as empresas obtenham vantagens fiscais indevidas em operações que não geram tributação ou que não estão diretamente relacionadas à sua atividade principal.

Exemplo Prático

Vamos considerar uma empresa fictícia chamada "Alimentos Saudáveis Ltda.", que atua no ramo de produção e comercialização de alimentos orgânicos.

Cenário:

A empresa compra insumos agrícolas para a produção de seus alimentos.

Além disso, a empresa adquire um veículo de transporte pessoal para uso dos diretores.

A empresa também compra materiais de escritório, como papel e canetas.

Aplicação da Vedação ao Crédito de ICMS:

Insumos Agrícolas:

Se os insumos agrícolas forem utilizados na produção de alimentos que são vendidos com isenção de ICMS, a empresa não poderá utilizar o crédito do ICMS pago na compra desses insumos. Isso ocorre porque a saída dos produtos resultantes não é tributada.

Veículo de Transporte Pessoal:

A compra do veículo de transporte pessoal não gera direito a crédito de ICMS, pois é presumido que veículos de transporte pessoal são alheios à atividade principal da empresa. Mesmo que o ICMS tenha sido pago na compra do veículo, ele não pode ser utilizado como crédito.

Materiais de Escritório:

Os materiais de escritório, embora necessários para o funcionamento da empresa, são considerados alheios à atividade principal de produção de alimentos. Portanto, o ICMS pago na compra desses materiais também não pode ser utilizado como crédito.

2. Cálculo ICMS-ST para frente em uma operação de venda

Contexto

A substituição tributária é uma estratégia adotada pelos estados para simplificar a cobrança e fiscalização do ICMS. Por meio dela, um determinado contribuinte assume a responsabilidade pelo pagamento do ICMS de toda a cadeia de circulação de um produto, desde a produção até o consumidor final.

Entretanto, calcular o ICMS-ST não é tarefa trivial. A base de cálculo, os ajustes e os percentuais envolvidos demandam conhecimento técnico e atenção aos detalhes. Neste capítulo, mergulharemos nas fórmulas e critérios que regem essa modalidade de tributação, desvendando os segredos por trás dos números.

Vamos analisar uma situação:

Suponhamos que a empresa distribuidora de eletrônicos, sediada em São Paulo (SP), realize a venda de uma remessa de celulares para um varejista também localizada em São Paulo. O valor da venda é de R$ 15.000,00, e as despesas acessórias, como frete e seguro, totalizam R$ 700,00. A alíquota de ICMS própria para a empresa é de 18%. A MVA estabelecida para o produto é de 35%. O ICMS é um imposto não cumulativo, conforme previsto na Constituição Federal de 1988 e regulamentado pela Lei Kandir (Lei Complementar nº 87/1996).

Passo 1: Determinação do Valor Bruto da Nota Fiscal, Incluindo Crédito de ICMS

Considerando a não cumulatividade do ICMS e o direito da empresa compradora ao crédito do imposto, calculamos o valor bruto da nota fiscal, o débito do ICMS próprio (vendendo), incluindo as despesas acessórias e o ICMS próprio, com a dedução do crédito de ICMS:

$$\text{Valor Bruto} = (\text{Valor da Venda} + \text{Despesas Acessórias}) \times \frac{1}{1 - \text{Alíquota de ICMS própria}}$$

$$\text{Valor Bruto} = (15.000,00 + 700,00) \times \frac{1}{1 - 0,18}$$

$$\text{Valor Bruto} = 15.700,00 \times \frac{1}{0,82} \approx 19.146,34$$

Portanto, o valor bruto da nota fiscal para fins de cálculo do ICMS da operação própria será de R$ 19.146,34.

Veja outro exemplo de forma gráfica:

Operação com substituição tributária de ICMS (para frente)

Passo 2: Cálculo do Crédito de ICMS

Para determinar o valor do crédito de ICMS a ser aproveitado pelo varejista, calculamos o imposto sobre a base de cálculo, que inclui o valor da venda mais as despesas acessórias:

Base de Cálculo do Crédito de ICMS = Valor Bruto da Nota

Crédito de ICMS = Base de Cálculo × Alíquota de ICMS própria

Crédito de ICMS = $19.146,34 \times 0,18 = R\$3.446,34$

Portanto, o valor do crédito de ICMS a ser aproveitado pelo varejista é de R$ 3.446,34.

Lembrando que ser a varejista tomará o crédito de 3.446, 34, logicamente esse também o valor do ICMS incluso na nota e que será recolhido como ICMS próprio pelo vendedor.

Passo 3: Determinação da Base de Cálculo do ICMS por Substituição Tributária

A base legal para a aplicação do ICMS por substituição tributária para frente está prevista na Constituição Federal de 1988, em seu artigo 155, § 2º, inciso XII, alínea "g", e também na Lei Kandir (Lei Complementar nº 87/1996).

Base de Cálculo do ICMS por ST=Valor Bruto da Nota×(1+MVA)

A Margem de Valor Agregado (MVA) é um percentual aplicado sobre o valor bruto da nota para determinar a base de cálculo do ICMS por substituição tributária, esse percentual é determinado pelo fisco. Suponhamos que a MVA estabelecida para o produto seja de 35%.

Base de Cálculo do Crédito de ICMS = Valor Bruto da Nota

Crédito de ICMS = Base de Cálculo × Alíquota de ICMS própria

Crédito de ICMS = $19.146,34 \times 0,18 = R\$3.446,34$

Portanto, a base de cálculo do ICMS por substituição tributária é de R$ 25.826,39.

Passo 4: Cálculo do ICMS por Substituição Tributária

O cálculo do ICMS por substituição tributária é realizado sobre a base de cálculo determinada anteriormente, utilizando a alíquota interna do estado de destino da mercadoria, nesse caso o mesmo, visto que estamos falando de uma operação Interna.

Alíquota interna de São Paulo: 18%.

ICMS por ST=Base de Cálculo do ICMS por ST× Alíquota Interna de SP

ICMS por ST=25.826,39×0,18=R$ 4.648,75

Portanto, o valor do ICMS por substituição tributária que seria recolhido para o estado de SP seria de R$ 4.648,75, caso não existisse crédito na operação anterior (lembra que o imposto é não cumulativo?).
Então

ICMS por ST = R$ 4.648,75 – R$ 3.446,34 = **R$ 1.202,41**

Neste exemplo, detalhamos o cálculo do ICMS por substituição tributária para frente em uma operação de venda, considerando o direito do varejista ao crédito de ICMS, a base legal da Constituição Federal de 1988 e da Lei Kandir, bem como a aplicação da não cumulatividade do ICMS. Este procedimento é aplicado quando a legislação estadual prevê a substituição tributária para frente em determinadas operações comerciais.

Recolhimento do ICMS ST:

• **Responsável**: Empresa distribuidora em SP (substituto tributário)
• **Prazo**: Até o dia 2 do segundo mês subsequente à entrada da mercadoria
• **Guia de Pagamento:** Guia Nacional de Recolhimento de Tributos Estaduais (GNRE)

4. Emissão da Nota Fiscal:

• CST: 060 (Substituição Tributária para frente)
• Inserir o valor do ICMS ST

5. Escrituração Fiscal:

• Lançamento do ICMS ST a pagar na escrituração fiscal da empresa em SP

6. Débito e Crédito do ICMS ST:

• Débito: ICMS ST a pagar
• Crédito: ICMS ST na entrada de mercadorias com ST

7. Obrigações Acessórias:

• Declaração mensal do ICMS ST
• Guia de Informação e Apuração do ICMS ST (GIA-ST)

2.1. Cálculo ICMS-ST para frente em uma operação de venda Interestadual

Você aprendeu a calcular o ICMS-ST em uma operação interna, vamos considerar uma situação semelhante, mas em uma operação interestadual.

Relembrando sobre ICMS-ST para frente é quando ocorre uma antecipação do fato gerador, como por exemplo, um terceiro, geralmente industrial, é responsável, como substituto, pelo tributo devido pelo comerciante atacadista ou varejista, que revende a mercadoria por ele produzida. Ex: bebida, cigarro

Situação Hipotética: Uma empresa de São Paulo vende uma mercadoria para um cliente em Minas Gerais. O valor da venda é de R$ 10.000,00, e as despesas acessórias, como frete e seguro, totalizam R$ 500,00.
Alíquotas de ICMS:
• Alíquota interestadual: 12%
• Alíquota interna de Minas Gerais: 18%

Passo 1: Determinação do Valor Bruto da Nota Fiscal com Gross Up

O valor bruto da nota fiscal é calculado somando-se o valor da venda com as despesas acessórias e aplicando o gross up para incluir o ICMS próprio.

$$\text{Valor Bruto da Nota Fiscal} = (\text{Valor da Venda} + \text{Despesas Acessórias}) \times \frac{1}{1 - \text{Alíquota de ICMS Próprio}}$$

$$\text{Valor Bruto da Nota Fiscal} = (R\$10.000,00 + R\$500,00) \times \frac{1}{1 - 0.12}$$

$$\text{Valor Bruto da Nota Fiscal} = R\$10.500,00 \times \frac{1}{0.88}$$

$$\text{Valor Bruto da Nota Fiscal} \approx R\$11.931,82$$

Passo 2: Cálculo do ICMS Próprio

O ICMS próprio é calculado aplicando-se a alíquota de ICMS sobre o valor bruto da nota fiscal.

$$\text{ICMS Próprio} = \text{Valor Bruto da Nota Fiscal} \times \text{Alíquota de ICMS Próprio}$$

$$\text{ICMS Próprio} = R\$11.931,82 \times 0,12$$

$$\text{ICMS Próprio} \approx R\$1.431,82$$

Passo 3: Cálculo do ICMS DIFAL ST

O ICMS DIFAL é calculado aplicando-se a diferença entre a alíquota interestadual e a alíquota interna de Minas Gerais sobre o valor bruto da nota fiscal.

$$\text{ICMS DIFAL ST} = (\text{Valor Bruto da Nota Fiscal} \times \text{Alíquota Interna MG}) - (\text{Valor Bruto da Nota Fiscal} \times \text{Alíquota Interestadual})$$

$$\text{ICMS DIFAL ST} = (R\$11.931,82 \times 0,18) - (R\$11.931,82 \times 0,12)$$

$$\text{ICMS DIFAL ST} \approx (R\$2.147,72) - (R\$1.431,82)$$

$$\text{ICMS DIFAL ST} \approx R\$715,90$$

Resumo e Tabela:

Descrição	Valor
Valor da Venda	R$ 10.000,00
Despesas Acessórias	R$ 500,00
Valor Bruto da Nota Fiscal	R$ 11.931,82
ICMS Próprio	R$ 1.431,82
ICMS DIFAL ST (MG)	R$ 715,90

Bases Legais:

• Constituição Federal de 1988
• Lei Complementar nº 87/1996 (Lei Kandir)

Esta tabela resume os cálculos realizados e os valores envolvidos na operação de
venda, incluindo o ICMS próprio e o ICMS DIFAL ST.

Em Resumo:

2. Cálculo ICMS-ST para trás em uma operação de venda

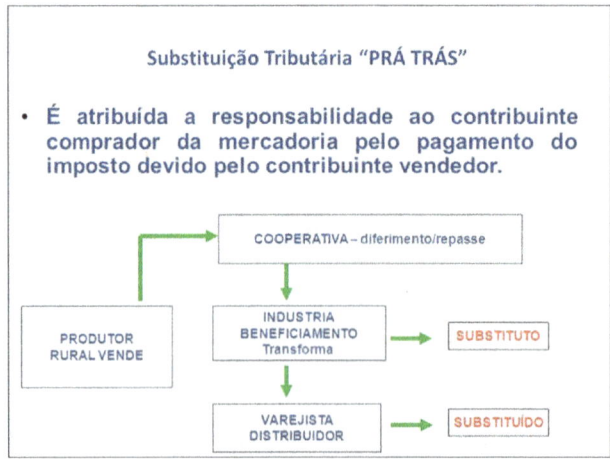

A **Substituição Tributária "Para Trás"**, também conhecida como **regressiva** ou **diferimento**, é um mecanismo aplicado nas cadeias de produção para simplificar o recolhimento do Imposto sobre Circulação de Mercadorias e Serviços (ICMS). Vamos entender os fundamentos jurídicos e, em seguida, explorar um caso prático.

1. Fundamentos Jurídicos:

> **Substituição Tributária (ST):**

A ST é um regime em que a responsabilidade pelo pagamento do ICMS é deslocada para um único elo da cadeia de circulação de produtos ou serviços. Em vez de cada participante pagar o imposto separadamente, um contribuinte específico antecipa o recolhimento para toda a cadeia.

> **Contribuinte Substituto:**

É a empresa designada para antecipar o pagamento do ICMS. Ela é responsável por recolher o imposto devido por todos os participantes subsequentes na cadeia.

> **Contribuinte Substituído:**

o São os demais participantes da cadeia. Eles não precisam pagar o ICMS diretamente, pois o contribuinte substituto já o fez por eles.

2. Substituição "Para Trás":

> Nesse cenário, quem recolhe o ICMS de todos os participantes da cadeia é a última empresa a participar dela. Ou seja, o imposto é postergado para o final da cadeia.
> O contribuinte substituto, geralmente uma indústria ou empresa de maior porte, é responsável por calcular e recolher o ICMS de toda a cadeia, incluindo os produtores rurais.
> Essa modalidade é aplicada quando o fato gerador ocorre no passado, ou seja, após a operação ter sido realizada.

Caso Prático:

- **Pedro**, um produtor rural, colhe suas bananas e as vende para a **BananaTech**, uma indústria de processamento.
- **A BananaTech** é o contribuinte substituto. Ela calcula o ICMS-ST com base na Margem de Valor Agregado (MVA), estimando o preço de venda final dos produtos processados.
- Suponhamos que a **BananaTech** tenha estimado um ICMS-ST de R$ 1.000 para as bananas de Pedro.
- No entanto, após o processamento, os produtos de banana são vendidos por apenas R$ 800.

- **Cálculos:**

  > ICMS-ST Pago Antecipadamente: R$ 1.000.
  > Preço de Venda Real: R$ 800.

- **Resultado:**

> A BananaTech acumula um crédito de R$ 200 em ICMS. Esse crédito pode ser usado para compensar outros débitos fiscais ou transferido para outras empresas.

- Assim, a Substituição Tributária "Para Trás" simplifica o processo de arrecadação, mas exige estimativas precisas para evitar pagamentos excessivos.

- **Vamos a mais um exemplo para aprimorar seu aprendizado:**

A Aplicação da Substituição Tributária "Para Trás" na Cadeia Produtiva de Bananas.
Pedro é um produtor rural que cultiva bananas. Após a colheita, ele vende sua produção para a BananaTech, uma indústria especializada no processamento de bananas para a produção de diversos produtos derivados. Neste contexto, a legislação tributária designa a BananaTech como o contribuinte substituto, responsável pelo recolhimento antecipado do ICMS de toda a cadeia produtiva, desde o produtor rural até o consumidor final.

A BananaTech, ao adquirir as bananas de Pedro, enfrenta o desafio de calcular o ICMS Substituição Tributária (ICMS-ST) devido. Para isso, utiliza-se da Margem de Valor Agregado (MVA) para estimar o preço final de venda dos produtos derivados das bananas, sobre o qual o ICMS será calculado. A alíquota de ICMS aplicável é de 18%, e a MVA definida para este caso é de 12%.

Situação:

- Preço de compra das bananas de Pedro pela BananaTech: R$ 800.
- MVA aplicável: 12%.
- Alíquota de ICMS: 18%.

Desafio:

1. Calcule o preço estimado de venda ao consumidor final dos produtos derivados das bananas, utilizando a MVA.
2. Determine o valor do ICMS-ST que a BananaTech deve recolher, baseando-se no preço estimado de venda ao consumidor final.
3. Após o processamento, os produtos derivados das bananas são vendidos por R$ 5.600. Recalcule o ICMS-ST com base neste valor real de venda e discuta a possibilidade de ajuste no valor do ICMS-ST recolhido, considerando a diferença entre o preço estimado inicialmente e o preço real de venda.

Respostas:

Desafio 1: Cálculo do Preço Estimado de Venda ao Consumidor Final

Para calcular o preço estimado de venda ao consumidor final dos produtos derivados das bananas, utilizamos a Margem de Valor Agregado (MVA) de 12%. O preço de compra das bananas, que é o custo inicial para a BananaTech, é de R$ 800.

A fórmula para calcular o preço estimado de venda é:

$$\text{Preço Estimado de Venda} = \text{Preço de Custo} \times (1 + \text{MVA})$$

Substituindo os valores:

$$\text{Preço Estimado de Venda} = 800 \times (1 + 0,12) = 800 \times 1,12 = R\$896$$

Portanto, o preço estimado de venda ao consumidor final é de R$ 896.

Desafio 2: Cálculo do ICMS-ST a Recolher

Com o preço estimado de venda ao consumidor final, calculamos o ICMS-ST usando a alíquota de ICMS de 18%. A fórmula é:

$$\text{ICMS-ST} = \text{Preço Estimado de Venda} \times \text{Alíquota de ICMS}$$

Substituindo os valores:

ICMS-ST = 896 × 0,18 = R$161,28

Assim, o valor do ICMS-ST que a BananaTech deve recolher é de R$ 161,28.

Desafio 3: Ajuste no Valor do ICMS-ST Recolhido

Após o processamento, os produtos derivados são vendidos por R$ 5.600. Para recalcular o ICMS-ST com base neste valor real de venda, primeiro entendemos que o valor de R$ 5.600 é o total das vendas, não o preço unitário. No entanto, para fins didáticos, vamos considerar que este é o valor que deve ser usado para recalculação direta do ICMS-ST, o que não é o procedimento padrão, mas nos ajuda a entender o conceito de ajuste.

3. Cálculo ICMS – modalidade concomitante

A Substituição Tributária Concomitante representa um cenário tributário mais intrincado, onde a responsabilidade pelo pagamento do ICMS é transferida para outro contribuinte, em detrimento daquele que realiza a operação. Por exemplo, consideremos o caso de uma pessoa física autônoma que presta serviços de transporte de produtos entre cidades, uma atividade sujeita à tributação do ICMS.

Se o ICMS-ST foi inicialmente calculado com base em um preço estimado de venda de R$ 896, mas o valor real de venda foi de R$ 5.600, a empresa não necessariamente fará um ajuste direto no ICMS-ST já recolhido porque o cálculo inicial foi baseado na operação de compra das bananas, não na venda final dos produtos processados. O valor real de venda influencia o crédito de ICMS que a empresa pode aproveitar, não o valor de ICMS-ST recolhido na compra das bananas.

Em situações reais, se houver uma grande discrepância entre o valor estimado para cálculo do ICMS-ST e o preço final de venda, a empresa deve consultar a legislação estadual e possivelmente ajustar seus créditos de ICMS, não o ICMS-ST já recolhido.

Portanto, o desafio 3, conforme proposto, destaca a importância de entender a aplicação do ICMS-ST e o impacto das vendas finais nos créditos de ICMS, mas não implica um ajuste direto no ICMS-ST já pago com base no preço de venda final dos produtos.

Nesse contexto, é crucial para as empresas que operam sob o regime de substituição tributária compreenderem profundamente as regras e procedimentos para o aproveitamento de créditos de ICMS. Isso permite uma gestão fiscal mais eficiente e pode resultar em economias significativas. A legislação tributária oferece mecanismos para que as empresas ajustem seus créditos em função das operações reais, garantindo que o imposto recolhido reflita de maneira justa as atividades comerciais efetuadas.

3. Cálculo ICMS – modalidade concomitante

A Substituição Tributária Concomitante representa um cenário tributário mais intrincado, onde a responsabilidade pelo pagamento do ICMS é transferida para outro contribuinte, em detrimento daquele que realiza a operação. Por exemplo, consideremos o caso de uma pessoa física autônoma que presta serviços de transporte de produtos entre cidades, uma atividade sujeita à tributação do ICMS.

No entanto, devido à sua natureza como pessoa física e não jurídica, essa autônoma não pode ser diretamente tributada pelo ICMS. Assim, cada empresa que contratar os serviços de transporte dessa pessoa será compelida a substituí-la no recolhimento do imposto incidente sobre a prestação.

Exemplo Prático:
Suponhamos que uma empresa de eletrônicos com sede em São Paulo contrate os serviços de transporte de um autônomo para levar um lote de produtos para um varejista no Rio de Janeiro. O valor do serviço de transporte é de R$ 1.000,00.

Nesse contexto, a empresa paulista será responsável por calcular e recolher o ICMS-ST sobre o serviço de transporte prestado pelo autônomo. Vamos considerar uma alíquota de ICMS de 12%.

Cálculo do ICMS-ST Concomitante:

Valor do serviço de transporte: R$ 1.000,00
Alíquota de ICMS: 12%
ICMS-ST a ser recolhido: R$ 1.000,00 * 12% = R$ 120,00

Portanto, a empresa de eletrônicos, ao contratar os serviços de transporte, além de pagar pelo serviço em si, também deve arcar com a obrigação de substituir o autônomo no recolhimento do ICMS-ST incidente sobre a prestação do serviço de transporte entre as cidades de São Paulo e Rio de Janeiro. Esse exemplo ilustra a aplicação prática do ICMS-ST concomitante e a complexidade envolvida nessa modalidade de substituição tributária.

Mais um caso:

Para enriquecer ainda mais o conteúdo, vamos adicionar um exemplo mais complexo e fazer um paralelo com outras modalidades de substituição tributária (ST), visando facilitar a compreensão do leitor.

Exemplo Prático Mais Complexo: ICMS-ST Concomitante em Operações de Venda

Suponhamos agora uma situação envolvendo a venda de produtos químicos de uma indústria para uma empresa distribuidora. Os produtos químicos são utilizados na fabricação de cosméticos e a indústria está localizada em Minas Gerais, enquanto a distribuidora opera em São Paulo. Neste caso, a indústria mineira vende os produtos com a obrigação de entrega no estabelecimento da distribuidora paulista.

A complexidade surge porque, além do transporte, há uma operação de venda de mercadorias que atravessa fronteiras estaduais, o que implica em diferentes alíquotas de ICMS e a necessidade de calcular o ICMS-ST devido pela distribuidora paulista, que assume a responsabilidade pelo recolhimento do imposto relativo à circulação subsequente até o consumidor final.

Cálculo do ICMS-ST Concomitante na Venda:

- Valor da venda dos produtos químicos: R$ 10.000,00
- Alíquota interna de ICMS em São Paulo para produtos químicos: 18%
- Alíquota interestadual aplicada na operação (MG para SP): 12%
- MVA (Margem de Valor Agregado) aplicável: 40%

Para calcular o ICMS-ST, primeiro, determinamos o valor da base de cálculo do ICMS-ST, que considera o valor da operação própria mais a MVA:

$$\text{Base de Cálculo do ICMS-ST} = \text{Valor da Operação} \times (1 + \text{MVA})$$

Base de Cálculo do ICMS-ST=10.000×(1+0,40)=10.000×1,40=R$14.000,00

Agora, calculamos o ICMS-ST a ser recolhido pela distribuidora paulista:

ICMS-ST=(Base de Cálculo do ICMS-ST × Alíquota Interna)−(Valor da Operação × Alíquota Interestadual)

ICMS-ST=(14.000×0,18)−(10.000×0,12)=2.520−1.200=R$1.320,00

Paralelo com Outra Modalidade de ST

A substituição tributária "para frente" é a mais comum, onde o recolhimento do ICMS é antecipado pelo remetente da mercadoria no momento da venda, cobrindo todas as etapas até o consumidor final. Já na modalidade concomitante, como nos exemplos acima, o recolhimento do ICMS é responsabilidade de um contribuinte que não realiza a operação, mas que está diretamente ligado a ela, seja por serviços de transporte ou por operações de venda que envolvem a transferência de mercadorias entre estados.

Essas modalidades diferem principalmente no momento e na responsabilidade pelo recolhimento do ICMS. Enquanto a "para frente" busca simplificar a arrecadação e garantir o recolhimento do imposto em operações subsequentes, a concomitante lida com situações específicas onde a responsabilidade pelo pagamento é transferida para um terceiro, garantindo assim a cobertura tributária em operações que, de outra forma, poderiam complicar a fiscalização e o recolhimento do ICMS.

Obrigações do Substituto – Art. 56 da 7799/02 C/C art. 506 do RICMS/03

Utilizando como base legal a legislação do Maranhão, veja abaixo as obrigações do substituto. Cabe lembrar que a legislação de todos os estados são praticamente cópia uma da outra.

Casos em que NÃO se aplica o ICMS-ST

A Substituição Tributária (ST) é um mecanismo amplamente utilizado no sistema tributário brasileiro para facilitar a arrecadação do ICMS e garantir a eficiência na fiscalização. No entanto, existem situações específicas em que o ICMS-ST não se aplica, seja por determinação legal, por características particulares da operação ou por exceções previstas na legislação. Compreender esses casos é fundamental para evitar recolhimentos indevidos e otimizar a gestão tributária das empresas. Nesta seção, exploraremos detalhadamente os cenários em que a substituição tributária não é exigida, analisando as justificativas legais e práticas para essas exceções, e fornecendo exemplos concretos para ilustrar cada situação.

Tomando a legislação do Maranhão como referência, vamos analisar os casos definidos por lei em que o ICMS-ST não se aplica. É importante destacar que essas regras são frequentemente replicadas de maneira semelhante em outros estados:

RICMS-MA arts. 527 do RICMS/03

I - às operações que destinem mercadorias a sujeito passivo por substituição da mesma mercadoria;

II - às transferências para outro estabelecimento, exceto varejista, do sujeito passivo por substituição, hipótese em que a responsabilidade pela retenção e recolhimento do imposto recairá sobre o estabelecimento que promover a saída da mercadoria com destino a empresa diversa;
III – às operações internas destinadas a contribuintes industriais.

Parágrafo único. Sujeito passivo por substituição é aquele definido como tal no protocolo ou convênio que trata do regime de substituição tributária aplicável à mercadoria. (Conv. ICMS 114/03)

Alguns esclarecimentos:

A legislação do Maranhão define claramente os casos em que o ICMS-ST (Substituição Tributária) não se aplica, proporcionando diretrizes específicas que são frequentemente replicadas em outros estados. Vamos explorar cada uma dessas situações com exemplos concretos para facilitar a compreensão.

I - Operações Destinadas a Sujeito Passivo por Substituição da Mesma Mercadoria
Comentário: Quando uma mercadoria é destinada a um sujeito passivo que já é responsável pela substituição tributária da mesma mercadoria, o ICMS-ST não se aplica. Isso ocorre porque o imposto já foi recolhido na etapa anterior da cadeia produtiva.

Exemplo: Imagine uma fábrica de bebidas que vende seus produtos para um distribuidor que também é responsável pela substituição tributária das mesmas bebidas. Nesse caso, a fábrica não precisa recolher o ICMS-ST, pois o distribuidor já assumirá essa responsabilidade.

II - Transferências para Outro Estabelecimento, Exceto Varejista, do Sujeito Passivo por Substituição
Comentário: Nas transferências de mercadorias entre estabelecimentos do mesmo sujeito passivo, exceto quando o destinatário é um estabelecimento varejista, a responsabilidade pela retenção e recolhimento do ICMS-ST recai sobre o estabelecimento que promove a saída da mercadoria para uma empresa diversa.

Exemplo: Uma empresa de cosméticos transfere produtos de sua fábrica para seu centro de distribuição. Como ambos os estabelecimentos pertencem à mesma empresa e o centro de distribuição não é um varejista, o ICMS-ST não se aplica nessa transferência. No entanto, se o centro de distribuição vender os produtos para uma loja de cosméticos (empresa diversa), ele será responsável pelo recolhimento do ICMS-ST.

III - Operações Internas Destinadas a Contribuintes Industriais
Comentário: Nas operações internas destinadas a contribuintes industriais, o ICMS-ST não se aplica. Isso se deve ao fato de que os contribuintes industriais geralmente utilizam as mercadorias como insumos em seus processos produtivos, e não para revenda direta ao consumidor final.

Exemplo: Uma empresa de produtos químicos vende matérias-primas para uma indústria farmacêutica dentro do estado do Maranhão. Como a indústria farmacêutica utilizará essas matérias-primas na fabricação de medicamentos, a operação não está sujeita ao ICMS-ST.

Parágrafo Único: Definição de Sujeito Passivo por Substituição
Comentário: O sujeito passivo por substituição é aquele definido como tal no protocolo ou convênio que trata do regime de substituição tributária aplicável à mercadoria. Isso significa que a responsabilidade pela substituição tributária é atribuída conforme acordos específicos entre estados ou conforme a legislação estadual.

Exemplo: Se um protocolo ICMS entre os estados do Maranhão e São Paulo define que os fabricantes de autopeças são sujeitos passivos por substituição, esses fabricantes serão responsáveis pelo recolhimento do ICMS-ST nas operações interestaduais envolvendo autopeças.

Conclusão
Compreender os casos em que o ICMS-ST não se aplica é crucial para a correta apuração e recolhimento do imposto, evitando recolhimentos indevidos e otimizando a gestão tributária das empresas. A legislação do Maranhão, ao definir essas situações, oferece um guia claro que pode ser utilizado como referência em outros estados, garantindo uniformidade e clareza no tratamento do ICMS-ST.

CAPÍTULO 5: DESAFIOS E ESTRATÉGIAS NA APLICAÇÃO DO ICMS

INTRODUÇÃO:

No quinto capítulo do nosso trabalho "Desvendando o ICMS: Uma Abordagem Prática e Lógica", exploraremos os desafios enfrentados pelas empresas na aplicação do ICMS, bem como estratégias para lidar com essas questões de forma eficaz. Conforme avançamos no estudo do ICMS, torna-se evidente que este imposto apresenta uma série de nuances e complexidades que exigem uma compreensão sólida e habilidades estratégicas para sua correta aplicação.

Ao longo deste capítulo, abordaremos os principais desafios enfrentados pelas empresas, como a complexidade da legislação tributária, a diversidade de alíquotas e regimes de tributação, além das dificuldades operacionais na apuração e recolhimento do imposto. Além disso, discutiremos estratégias práticas que as empresas podem adotar para enfrentar esses desafios, incluindo a adoção de sistemas de gestão tributária eficientes, a realização de análises de riscos e o acompanhamento constante das mudanças na legislação.

Neste capítulo, nosso objetivo é fornecer aos leitores insights valiosos que os ajudarão a navegar pelo complexo cenário tributário do ICMS com confiança e assertividade, garantindo o cumprimento das obrigações fiscais e otimizando a gestão tributária de suas empresas.

5.1 Desafios enfrentados pelas empresas

A discussão sobre os desafios enfrentados pelas empresas na aplicação do ICMS abrange uma série de questões complexas e dinâmicas que impactam diretamente a gestão tributária e financeira das organizações. Entre esses desafios, destacam-se a guerra fiscal entre os estados e as constantes mudanças na legislação, que demandam uma adaptação contínua por parte das empresas.

A guerra fiscal entre os estados é um fenômeno que ocorre quando os governos estaduais oferecem incentivos fiscais e benefícios tributários para atrair empresas e investimentos para seus territórios. Essa prática gera uma competição desigual entre os estados, prejudicando a igualdade fiscal e criando um ambiente de instabilidade e incerteza para as empresas. Além disso, a guerra fiscal pode resultar em uma complexidade adicional na aplicação do ICMS, uma vez que as empresas precisam lidar com diferentes regimes e benefícios fiscais oferecidos por cada estado.

Outro desafio significativo é a constante mudança na legislação tributária, que exige das empresas uma atualização constante e uma adaptação ágil às novas regras e regulamentações. As alterações frequentes na legislação do ICMS podem gerar confusão e dificuldades operacionais na apuração e recolhimento do imposto, além de aumentar o risco de erros e penalidades por parte das empresas.

Diante desses desafios, é fundamental que as empresas adotem uma abordagem proativa e estratégica para lidar com as questões relacionadas à aplicação do ICMS. Isso inclui investir em sistemas de gestão tributária robustos e eficientes, que possam auxiliar na automação e na precisão dos processos de apuração e recolhimento do imposto. Além disso, as empresas devem realizar análises de riscos periódicas e manter-se atualizadas sobre as mudanças na legislação, buscando o apoio de profissionais especializados quando necessário.

Em suma, os desafios enfrentados pelas empresas na aplicação do ICMS são complexos e exigem uma abordagem estratégica e multidisciplinar. Ao compreender e enfrentar esses desafios de forma proativa, as empresas podem garantir o cumprimento das obrigações fiscais, mitigar riscos e otimizar sua gestão tributária em um ambiente tributário cada vez mais dinâmico e desafiador.

5.2 Estratégias para lidar com esses desafios

Para lidar de forma eficaz e proativa com os desafios enfrentados na aplicação do ICMS, as empresas podem adotar uma série de estratégias inteligentes e assertivas. Aqui estão algumas sugestões que podem ajudar a enfrentar esses desafios de maneira eficaz:

1. Investimento em Tecnologia e Automação:
Uma das formas mais eficazes de lidar com os desafios do ICMS é investir em tecnologia e automação. A implementação de sistemas de gestão tributária robustos e integrados pode simplificar e agilizar os processos de apuração, controle e recolhimento do imposto. Por exemplo, softwares de gestão fiscal podem automatizar cálculos complexos e garantir a conformidade com as exigências legais.

2. Monitoramento e Atualização Constante:
Manter-se atualizado sobre as mudanças na legislação tributária é fundamental para evitar surpresas e garantir o cumprimento das obrigações fiscais. As empresas devem monitorar de perto as alterações na legislação do ICMS e realizar ajustes em seus processos e sistemas conforme necessário. Isso pode incluir a participação em cursos de capacitação, a consulta a profissionais especializados e o acompanhamento de publicações oficiais.

3. Análise de Riscos e Planejamento Tributário: Realizar análises de riscos periódicas e desenvolver estratégias de planejamento tributário podem ajudar as empresas a identificar e mitigar potenciais problemas relacionados ao ICMS. Por exemplo, é importante avaliar os riscos associados à utilização de benefícios fiscais e incentivos estaduais, bem como adotar medidas preventivas para evitar contingências fiscais.

4. Negociação e Parcerias Estratégicas: Estabelecer parcerias estratégicas com fornecedores, clientes e consultorias especializadas pode ser uma estratégia eficaz para lidar com os desafios do ICMS. Por exemplo, negociar condições contratuais claras e transparentes pode ajudar a evitar disputas e litígios relacionados à tributação. Além disso, contar com o apoio de consultores tributários experientes pode fornecer insights valiosos e soluções personalizadas para questões específicas.

5. Educação e Treinamento: Investir na capacitação e educação contínua da equipe é essencial para garantir o conhecimento e a competência necessários para lidar com os desafios do ICMS. Promover treinamentos internos e externos sobre temas tributários relevantes pode capacitar os colaboradores a identificar e resolver questões tributárias de forma eficaz e proativa.

Em resumo, ao adotar estratégias como investimento em tecnologia, atualização constante, análise de riscos, negociação estratégica e educação da equipe, as empresas podem enfrentar os desafios da aplicação do ICMS de forma eficaz e proativa, garantindo o cumprimento das obrigações fiscais e a maximização dos resultados empresariais.

CAPÍTULO 6: CONTABILIZAÇÃO DO ICMS

DÉBITO	CRÉDITO
 $ Aumentos	$ Diminuições 

Neste capítulo, adentraremos no intricado mundo da contabilização do ICMS, uma tarefa crucial para garantir a conformidade fiscal e a precisão dos registros contábeis das empresas. Abordaremos detalhadamente as diretrizes para contabilizar o ICMS de maneira correta, considerando inclusive a inclusão ou não do IPI nos cálculos. Além disso, apresentaremos exemplos práticos de lançamentos contábeis em diferentes situações empresariais para uma compreensão mais ampla e prática.

6.1 Orientações sobre Contabilização do ICMS:

Contabilizar o ICMS de forma adequada requer uma compreensão profunda das normas tributárias e dos procedimentos contábeis. Para iniciar, é essencial identificar o momento em que o ICMS deve ser reconhecido nas operações da empresa, seja como uma despesa ou uma receita. Esse reconhecimento varia de acordo com a natureza da operação e as normas contábeis vigentes.

Além disso, é necessário determinar se o Imposto sobre Produtos Industrializados (IPI) deve ser incluído na base de cálculo do ICMS. Isso depende das especificidades de cada operação e das disposições legais aplicáveis, sendo essencial seguir rigorosamente as determinações da legislação tributária.

6.2 Inclusão ou Não do IPI nos Cálculos do ICMS

A inclusão do IPI na base de cálculo do ICMS é uma questão complexa que exige atenção aos detalhes e conhecimento das normas tributárias. Em algumas situações, o IPI deve ser considerado na base de cálculo do ICMS, enquanto em outras não. Por exemplo, em operações de revenda de produtos industrializados, o IPI não é incluído na base de cálculo do ICMS. No entanto, em operações de importação, o IPI pode ser parte integrante da base de cálculo do ICMS, conforme determinado pela legislação tributária.

6.3 Exemplos de Lançamentos Contábeis:

Para consolidar o entendimento sobre a contabilização do ICMS, vamos apresentar exemplos práticos de lançamentos contábeis em diferentes situações empresariais:

a) Compra de Mercadorias:
• Registro da compra de mercadorias e contabilização do ICMS destacado na nota fiscal.

b) Venda de Mercadorias:
• Registro da venda de mercadorias e contabilização do ICMS incidente sobre a operação.

c) Importação de Produtos:
• Contabilização do ICMS incidente sobre produtos importados, considerando a inclusão do IPI na base de cálculo.

Compra:

Ao realizar uma compra de mercadorias, a empresa deve contabilizar o ICMS destacado na nota fiscal de entrada. O registro contábil envolve a criação de uma conta de imposto a recuperar, onde o valor do ICMS destacado na nota fiscal é debitado, e uma conta de fornecedores ou estoque é creditada pelo valor total da compra. Por exemplo:

Exemplo 1: Compra de Material para Revenda

Suponhamos que a empresa XYZ comprou R$ 10.000,00 em materiais para revenda, com uma alíquota de ICMS de 18%. A contabilização seria a seguinte:

D – Estoques   R$ 8.200,00
D – ICMS a Recuperar   R$ 1.800,00
C – Fornecedores (ou Caixa/Banco) R$ 10.000,00

Observações importantes:

ICMS – Imposto sobre Circulação de Mercadorias e Serviços: é um imposto "por dentro", ou seja, já está incluído no preço da mercadoria ou produto.

De acordo com o Comitê de Pronunciamentos Contábeis (CPC 16), o custo de aquisição dos estoques compreende o preço de compra, os impostos de importação e outros tributos (exceto os recuperáveis junto ao fisco), bem como os custos de transporte, seguro, manuseio e outros diretamente atribuíveis à aquisição de produtos acabados, materiais e serviços Descontos comerciais, abatimentos e outros itens semelhantes devem ser deduzidos na determinação do custo de aquisição.

É fundamental compreender que o ICMS é um imposto recuperável devido à sua natureza não cumulativa, conforme discutido anteriormente. Por conseguinte, é essencial descontá-lo do valor do estoque. Portanto, no exemplo anterior, o estoque foi registrado apenas pelo valor de R$ 8.200.

Qual é a lógica por trás disso? Registrar o ICMS como parte do estoque não faz sentido, uma vez que este imposto será recuperado posteriormente.

Custo do estoque inclui:
Preço de compra
Impostos de importação e outros tributos (exceto recuperáveis)
Custo de transportes
Seguro
Manuseio
Custos diretamente atribuíveis
Não inclui
Tributos recuperáveis (MP: IPI, ICMS, PIS, COFINS não cumulativos. Revenda: ICMS, PIS, COFINS não cumulativos)
Descontos comerciais
Abatimentos

Exemplo 1: Compra De Ativo Imobilizado

A empresa ABC adquiriu um equipamento a prazo, para utilização em sua linha de produção, diretamente do fabricante, com um preço de $ 100.000,00, sujeito a uma alíquota de IPI de 10%, ICMS de 18%, PIS de 1,65% e Cofins de 7,6%.

Para determinar a contabilização dessa transação, devemos observar que o ICMS não compreenderá em sua base de cálculo o montante do imposto sobre produtos industrializados, quando a operação, realizada entre contribuintes e relativa a produto destinado à industrialização ou à comercialização, configure fato gerador dos dois impostos.

Observação! No caso acima, em síntese, fica assim.
Base de cálculo do ICMS:
- Se a mercadoria foi comprada para industrialização ou comercialização: não
inclui o IPI na BC do ICMS.
- Se a mercadorias foi comprada para consumo/imobilizado: inclui o IPI na BC
do ICMS.

Neste caso, com se trata de aquisição de Ativo Imobilizado (não é matériaprima destinada à industrialização e nem mercadoria destinada à comercialização), o IPI será incluído na base de cálculo do ICMS.

O IPI também será incluído na base de cálculo do PIS e COFINS, para o adquirente.
(Obs: Para o vendedor, o IPI não integra a base de cálculo do PIS e COFINS)

IPI (100.000 x 10%)	10.000
Preço do Imobilizado (sem IPI e com ICMS)	100.000
ICMS (110.000 x 18%)	19.800
PIS (110.000 x 1,65%)	1.815
COFINS (110.000 x 7,6 %)	8.360

Valor da Nota Fiscal: 100.000 + IPI 10.000 = 110.000

Nesse caso, o IPI não é recuperável. O valor do imobilizado é:

110.000 − 19.800 − 1.815 − 8.360 = 80.025

Assim, a contabilização é a seguinte:

D − Imobilizado	80.025
D − ICMS a recuperar	19.800
D − PIS a recuperar	1.815
D − Cofins a recuperar	8.360
C − Fornecedores	110.000

A Lei Complementar 87/96 (Lei Kandir) estabelece que a aquisição de ativo imobilizado também dá direito aos créditos de ICMS. Mas a compensação deve
ser feita em 48 meses, ou seja, o valor do ICMS na aquisição será compensado
na proporção de 1/48 avos por mês.

Venda:

Na venda de mercadorias, a empresa deve contabilizar o ICMS incidente sobre a operação. O registro contábil inclui o débito da conta de clientes pelo valor total da venda e o crédito da conta de ICMS a recolher pelo valor do imposto devido. Por exemplo:

D− Clientes/Duplicata a receber	R$ 10.000,00
C− Receita de vendas	R$ 10.000,00
D− ICMS sobre vendas (resultado)	R$ 1.800,00
C− ICMS sobre venda a recolher (passivo)	R$ 1.800,00

A contabilização correta do ICMS é essencial para garantir a conformidade fiscal e a precisão dos registros contábeis das empresas. Ao compreender as orientações apresentadas neste capítulo e os exemplos práticos de lançamentos contábeis, as empresas podem assegurar uma gestão financeira eficiente e transparente, evitando erros e inconsistências nos registros tributários.

CAPÍTULO 7: PERSPECTIVAS FUTURAS E TENDÊNCIAS DO ICMS

O Imposto sobre Circulação de Mercadorias e Serviços (ICMS) é uma das principais fontes de receita dos estados brasileiros, desempenhando um papel crucial na estrutura tributária do país. Ao longo dos anos, o ICMS passou por uma série de mudanças e adaptações para acompanhar a evolução econômica e legislativa do Brasil.

Neste capítulo, exploraremos as perspectivas futuras e as tendências emergentes relacionadas ao ICMS. Analisaremos como este imposto pode ser afetado por diversos fatores, como mudanças na legislação, avanços tecnológicos, tendências de mercado e desafios econômicos.

Além disso, examinaremos possíveis cenários futuros para o ICMS, considerando debates políticos, propostas de reforma tributária e iniciativas de modernização. Será uma oportunidade para refletir sobre o papel do ICMS na economia brasileira e considerar como ele pode ser aprimorado para promover um ambiente de negócios mais justo, eficiente e sustentável.

Ao entender as perspectivas futuras e as tendências do ICMS, os profissionais da área tributária estarão melhor preparados para lidar com os desafios e oportunidades que surgirão no cenário tributário brasileiro nos próximos anos. Vamos mergulhar nesse tema fascinante e explorar o que o futuro reserva para o ICMS.

7.1 Exploração de tendências e mudanças futuras no cenário do ICMS:

Nos últimos anos, temos observado um intenso debate em torno da necessidade de reformas tributárias no Brasil, e o ICMS é um dos principais alvos de discussão. A complexidade e a falta de harmonização entre as legislações estaduais têm sido fonte de inúmeras dificuldades para empresas e contribuintes, gerando custos adicionais e insegurança jurídica.

Em 2023 a Reforma Tributária aprovada traz consigo mudanças significativas no sistema tributário brasileiro, e uma delas é a criação do Imposto sobre Bens e Serviços (IBS). Vamos explorar os detalhes desse novo imposto:

Objetivo do IBS:

O IBS tem como propósito simplificar o sistema tributário e corrigir distorções presentes no regime atual. Ele unificará dois impostos existentes: ICMS (Imposto sobre Circulação de Mercadorias e Serviços) e ISS (Imposto sobre Serviços).

Características do IBS:

• Legislação Única: O IBS terá uma única legislação válida para todo o país.
• Base de Cálculo Independente: Não integrará sua própria base de cálculo.
• Incentivos e Benefícios Restritos: Exceto os regimes diferenciados previstos na reforma.
• Não Cumulativo: Os créditos obtidos na compra de bens e serviços necessários à atividade da empresa compensarão o imposto devido.
• Exportações e Importações: Não incidirá sobre exportações, mas incidirá nas importações.

Alíquotas:
• Cada estado e município poderá ter sua própria alíquota.
• O Senado fixará uma alíquota de referência como patamar mínimo até 2077.
• Nenhum ente federativo poderá fixar alíquota própria menor que a de referência até essa data.
Arrecadação e Compensação:
• Mudanças que impactem a arrecadação do IBS deverão ser compensadas pela elevação ou redução da alíquota de referência.
• O objetivo é preservar a arrecadação dos estados e municípios.

Cashback:

• Para reduzir desigualdades de renda, a reforma prevê um mecanismo de devolução a pessoas físicas do IBS e da Contribuição sobre Bens e Serviços (CBS).
• Detalhes sobre esse cashback, incluindo limites e beneficiários, serão especificados em lei.

Integração e Representação:

• Estados e municípios terão representantes no Comitê Gestor para uniformizar a interpretação e aplicação da legislação do IBS.

A implementação do IBS representa uma mudança significativa no cenário tributário brasileiro, com o potencial de simplificar obrigações fiscais, reduzir custos administrativos e promover uma maior eficiência na arrecadação e distribuição de impostos.

Essa reforma impactará diretamente o ICMS, uma vez que ele será absorvido pelo novo imposto sobre bens e serviços, o IBS. Com a unificação do ICMS e do ISS, haverá uma simplificação considerável nas obrigações tributárias das empresas, que não precisarão mais lidar com legislações estaduais e municipais distintas para o recolhimento de impostos sobre suas operações.

Além disso, a base de cálculo independent do IBS significa que o imposto não incidirá sobre si mesmo, eliminando a chamada cumulatividade tributária, que é uma das características mais criticadas do ICMS atual. Isso proporcionará maior transparência e justiça fiscal, uma vez que os impostos serão cobrados apenas sobre o valor adicionado em cada etapa da cadeia produtiva.

Por fim, o mecanismo de cashback previsto na reforma tributária visa promover uma maior distribuição de renda, devolvendo parte dos impostos pagos pelas pessoas físicas. Isso pode ter um impacto significativo na dinâmica econômica do país, estimulando o consumo e reduzindo as desigualdades sociais.

Em suma, a implementação do IBS representa uma oportunidade única para modernizar o sistema tributário brasileiro, tornando-o mais simples, justo e eficiente. No entanto, é importante monitorar de perto os desdobramentos dessa reforma e garantir uma transição suave para evitar impactos negativos sobre a economia e as empresas.

7.2 Análise do impacto dessas mudanças nas empresas

A análise do impacto das mudanças trazidas pela reforma tributária, especialmente a criação do IBS, é crucial para as empresas se prepararem para o futuro. Essas alterações terão repercussões significativas em diversos aspectos das operações empresariais, desde a gestão financeira até a estratégia de negócios. Abaixo, destacam-se algumas áreas-chave de impacto e sugestões para se preparar para o novo cenário tributário:

1. Gestão Financeira:
• As empresas precisarão revisar seus processos de cálculo, recolhimento e contabilização de impostos para se adaptarem às novas regras do IBS.
• É fundamental realizar análises de impacto financeiro para compreender como as mudanças tributárias afetarão os custos e a lucratividade do negócio.
• Investir em sistemas de gestão tributária eficientes e atualizados para garantir conformidade com as novas exigências e evitar penalidades por não conformidade.

2. Planejamento Tributário:

• Com a possibilidade de cada estado e município definir sua própria alíquota de IBS, as empresas precisarão revisar suas estratégias de planejamento tributário para otimizar a carga fiscal.
• Explorar possíveis benefícios fiscais e incentivos oferecidos pelos diferentes entes federativos para reduzir a carga tributária de forma legal e ética.

3. Compliance e Contabilidade:

• É essencial manter-se atualizado sobre as regulamentações tributárias em constante evolução e garantir conformidade com as novas regras do IBS.
• Investir em treinamento e capacitação para os profissionais responsáveis pela contabilidade e compliance tributário, garantindo que estejam preparados para lidar com as mudanças.

4. Estratégia de Negócios:

• As mudanças no cenário tributário podem impactar a estratégia de precificação, distribuição geográfica das operações e decisões de investimento das empresas.
• Realizar análises de cenário e projeções para entender como as mudanças tributárias afetarão a competitividade e o posicionamento da empresa no mercado.

5. Tecnologia e Inovação:

• Investir em tecnologias digitais e soluções de automação para facilitar a conformidade tributária e simplificar os processos de gestão fiscal.
• Explorar oportunidades de integração entre sistemas de gestão empresarial e ferramentas de compliance tributário para garantir uma abordagem mais eficiente e precisa.

Em resumo, as empresas precisam estar atentas às mudanças trazidas pela reforma tributária e adotar uma abordagem proativa para se prepararem para o futuro. A análise do impacto nas operações empresariais e a implementação de medidas adequadas são fundamentais para garantir a conformidade tributária, minimizar riscos e aproveitar as oportunidades decorrentes das mudanças no cenário tributário brasileiro.

CAPÍTULO 8: RUMO À MAESTRIA NO ICMS

No capítulo final deste trabalho, intitulado "Rumo à Maestria no ICMS", concluímos nossa jornada através dos meandros deste complexo imposto que é o ICMS. Durante todo este percurso, exploramos desde os princípios fundamentais até as perspectivas futuras, passando por cálculos avançados, desafios enfrentados pelas empresas e estratégias para lidar com eles.

Ao longo dos capítulos, buscamos fornecer uma abordagem prática e lógica, indo além da simples explicação da legislação para oferecer uma compreensão profunda dos conceitos e sua aplicação no contexto empresarial. Com exemplos práticos, análises detalhadas e orientações claras, procuramos capacitar os leitores a dominar o ICMS e enfrentar os desafios tributários com confiança e eficiência.

Neste capítulo final, vamos recapitular os principais pontos abordados, destacar as lições aprendidas e oferecer algumas reflexões finais sobre como avançar rumo à maestria no ICMS. Ao final desta jornada, esperamos que os leitores se sintam mais preparados e capacitados para enfrentar os desafios tributários e aproveitar as oportunidades que o conhecimento sólido do ICMS pode proporcionar.

Reflexões:

Ao longo deste trabalho, exploramos profundamente o universo do ICMS, desde seus princípios fundamentais até as tendências futuras, passando por cálculos avançados e desafios enfrentados pelas empresas. Vamos recapitular os principais pontos abordados e refletir sobre essa jornada de aprendizado:

Visão Geral do ICMS: Iniciamos nossa jornada com uma visão geral do ICMS e sua importância para as empresas. Exploramos sua natureza complexa e as diversas nuances que o cercam.

Abordagem Prática e Lógica: Adotamos uma abordagem prática e lógica ao ensinar o ICMS, indo além da simples reprodução da legislação para garantir que os leitores compreendam os conceitos de forma profunda e aplicável.

Princípios Fundamentais: Exploramos os princípios básicos do ICMS, incluindo não cumulatividade, seletividade e destinação do imposto, fornecendo exemplos práticos para ilustrar cada conceito.

Estrutura e Funcionamento do ICMS: Analisamos detalhadamente a estrutura do ICMS, com foco em alíquotas, bases de cálculo e regimes de tributação, apresentando exemplos concretos para facilitar a compreensão.

ICMS-ST: Demonstrações detalhadas e exemplos práticos foram fornecidos para explicar o cálculo do ICMS Substituição Tributária, abordando tanto operações para frente quanto para trás, e destacando a importância do gross up e a base legal relevante.

Cálculos Avançados de ICMS: Exploramos cálculos mais complexos, como formação de preços simples, substituição tributária e DIFAL, fornecendo exemplos detalhados e considerando a legislação vigente.

Contabilização do ICMS

Discutimos a correta contabilização do ICMS, incluindo exemplos de lançamentos contábeis em diferentes situações empresariais, garantindo conformidade e transparência nas operações.

Perspectivas Futuras e Tendências

Refletimos sobre as tendências e mudanças futuras no cenário do ICMS, especialmente após a aprovação da reforma tributária, destacando a criação do IBS e suas implicações para as empresas.

Essa jornada de aprendizado foi marcada pela busca constante da compreensão profunda do ICMS e sua aplicação prática no contexto empresarial. Esperamos que os leitores se sintam mais preparados e confiantes para enfrentar os desafios tributários e aproveitar as oportunidades que surgem com o domínio do ICMS.

Siga em frente e conte comigo:

Para encerrar nossa jornada de aprendizado sobre o ICMS, gostaria de deixar um último pensamento de encorajamento para todos os leitores que se dedicaram a absorver o conhecimento compartilhado neste trabalho.

O ICMS é um imposto complexo e em constante evolução, que requer dedicação e constante atualização por parte dos profissionais e empresários que lidam com ele. O conhecimento adquirido aqui é apenas o ponto de partida para uma jornada contínua de aprendizado e aprimoramento.

Portanto, encorajo cada um de vocês a continuarem se aprofundando no estudo do ICMS, explorando novas fontes de informação, participando de cursos e treinamentos especializados e mantendo-se sempre atualizados sobre as mudanças na legislação tributária.

Além disso, apliquem ativamente o conhecimento adquirido em suas atividades empresariais. Utilizem as estratégias e técnicas aprendidas para otimizar a gestão tributária de suas empresas, reduzindo custos, minimizando riscos e aproveitando as oportunidades de forma eficiente e ética.

Lembre-se sempre de que o conhecimento é uma poderosa ferramenta para o sucesso nos negócios, e o domínio do ICMS pode fazer a diferença entre o sucesso e o fracasso de uma empresa. Portanto, continuem aprendendo, continuem aplicando e continuem buscando a excelência na gestão tributária de suas organizações.

Desejo a todos muitos sucessos em suas jornadas e que o conhecimento adquirido aqui seja apenas o começo de uma trajetória de conquistas e realizações no mundo empresarial.

Caso tenha duvidas, sugestões, críticas etc, por favor entre em contato comigo, estou a disposição: derik.silva13@outlook.com

www.ingramcontent.com/pod-product-compliance
Lightning Source LLC
Chambersburg PA
CBHW050115230526
45470CB00004B/1841